Numerología Caldea

Desvele los antiguos secretos en torno a los números, la adivinación y la astrología

Su regalo gratuito

¡Gracias por descargar este libro! Si desea aprender más acerca de varios temas de espiritualidad, entonces únase a la comunidad de Mari Silva y obtenga el MP3 de meditación guiada para despertar su tercer ojo. Este MP3 de meditación guiada está diseñado para abrir y fortalecer el tercer ojo para que pueda experimentar un estado superior de conciencia.

https://livetolearn.lpages.co/mari-silva-third-eye-meditation-mp3-spanish/

Índice de contenido

Introducción

La numerología es un método de adivinación fascinante y guarda muchos tesoros para quienes se sumergen en ella. Y más vale que lo crea cuando decimos que es la gallina de los huevos de oro que sigue poniendo huevo tras huevo, cada uno más valioso que el anterior.

Los números están a nuestro alrededor e influyen en todos los aspectos de nuestra vida, lo sepamos y lo aceptemos o no. Aquellos que han optado por investigar la ciencia y las energías de los números no han tenido motivos para mirar atrás porque están disfrutando de los beneficios de elegir vivir la vida de acuerdo con los planes trazados que nuestras almas tienen para nosotros.

Esto es algo que los sabios antiguos conocidos como los caldeos sabían, y es la razón por la que desarrollaron un sistema de números tan rico, hermoso y profundo que permite a todos, jóvenes y viejos, ricos o pobres, tener una oportunidad de autorrealización.

Lo que ocurre al seguir lo que su alma ha establecido para usted es que finalmente encontrará su vida llena de amor, risas, alegría y verdadera satisfacción. Ya no sentirá el deseo de seguir persiguiendo la siguiente gran cosa, el siguiente subidón, la siguiente cosa mejor y más grande. Por fin podrá salir de esa rueda de hámster y simplemente respirar porque está encarnando todo lo que se supone que debe ser y más.

Este libro es uno de los mejores que existen porque no se encontrará confundido sobre lo que significan los términos o cómo se supone que debe hacer las cuentas de los números que afectan a su vida. Descubrirá que va directamente al grano y que contiene una gran cantidad de información para iniciar su viaje con los números.

Si está preparado para cambiar su vida a mejor y llevar las cosas al siguiente nivel, le espera una gran sorpresa. Abróchese el cinturón y empecemos.

Capítulo 1: Introducción a la numerología caldea

¿Quiénes eran los caldeos?

Cerca de los ríos Tigris y Éufrates, un grupo especial de personas llamado los caldeos elaboró una forma muy interesante de numerología que es ridículamente precisa cuando se trata de describir los rasgos y la vida de las personas. Se trataba de los caldeos de Babilonia. No está muy claro de dónde vinieron, pero de alguna manera, fueron capaces de hacerse con el trono de Babilonia. Quizá haya oído hablar de Nabucodonosor. Fue uno de sus muchos reyes, y el pueblo habitó la tierra durante la mayor parte de al menos 75 años.

Los caldeos vivían junto al río Tigris

Entonces, ¿qué tienen de especial? Al fin y al cabo, en aquella época ya existía una infraestructura básica para que pudieran vivir su vida al tomar el relevo de los ocupantes originales de la tierra. Pues bien, llegaron con innovaciones muy avanzadas en los campos de las matemáticas y la astrología. No solo eso, sino que también tenían algunos puntos de vista más refinados en materia de espiritualidad de la época, introduciendo elementos como la adivinación, la magia y el culto a la luna al reconocer su innegable efecto sobre la humanidad.

Sin embargo, todos sus logros y su fe siguen siendo confusos, ya que no hicieron mucho por registrarlos, y es una maravilla cómo pudieron extender su influencia y sus ideas por todo Occidente. Puede que hayamos perdido el acceso a todas las demás cosas que sabían, pero menos mal que lo que conocían como numerología está ahí para que podamos trabajar con ella hoy. ¿Por qué? Porque de todas las demás formas de numerología, esta es tremendamente precisa.

Introducción a la numerología caldea

La numerología caldea se centra en la idea de que todo es energía. Todo vibra a su propia frecuencia única, y algunas frecuencias funcionan mejor con unos que con otros. Así pues, todas las letras del alfabeto y los números y sonidos tienen sus vibraciones únicas, que puede utilizar para extrapolar mucha información sobre la trayectoria de su vida y otras cosas que puede haber ignorado. Está a punto de descubrir un mundo de maravillas.

Lo interesante de esta versión de la numerología es que fue la primera en reunir las interpretaciones vibratorias reales de cada letra. Desarrolló un análisis detallado del nombre de uno, vinculándolo con la fecha de nacimiento al observar la frecuencia específica de cada número para que pueda averiguar la verdad sobre quién es usted y por qué está aquí. Lamentablemente, mucha gente asume que esta es una forma difícil de numerología y adivinación, porque eso no podría estar más lejos de la verdad. Puede aprender esto, y se alegrará de haberlo hecho cuando termine con este libro porque ya no se sentirá perdido y dando vueltas en la vida.

Vibraciones y frecuencias

Una vez más, todas las cosas están hechas de energía y se expresan de forma diferente. Usted tiene una vibración o "onda" única propia, una que es claramente identificable por todos los que le rodean. Científicamente hablando, su vibración es la forma única en que oscila su energía, mientras que la frecuencia es el ritmo de esa oscilación, ya sea rápida o lenta. Así que, en lo que respecta a la numerología caldea, el objetivo es averiguar exactamente qué tipo de vibración tiene usted y cómo se presenta en el mundo mediante las frecuencias que emite a través del sonido, los números y las letras. Todo es energía, todo vibra y todo tiene una frecuencia característica que tiene un efecto muy real sobre todo y todos los que lo rodean.

Así que, cuando se trata de su vibración personal, la mejor manera de precisarla sería trabajar con su nombre, que tiene muchas pistas sobre su forma de pensar, su poder, su forma de comportarse y mucho más. Así pues, pensemos de nuevo en la idea de las vibraciones cuando se trata, por ejemplo, de la música. Si escucha una canción tocada con una guitarra, podrá captar unas cuantas notas específicas tocadas con distintos niveles de intensidad y algunos acordes que son una combinación de notas tocadas juntas. Sin embargo, tienen diferentes ritmos de vibración; sus frecuencias se engranan bien entre sí porque si no lo hicieran, no crearían un sonido armonioso. Otra cosa interesante de estas notas es que tienen resonancia. Por ejemplo, si toca una nota sol en una guitarra y hay otra guitarra en la habitación, ocurre algo fascinante: la nota sol de la otra guitarra también se verá afectada.

La numerología caldea nos muestra que no se puede tomar al pie de la letra cuando se trata de nombres. Hay que desglosarlos en sus componentes porque cada letra del alfabeto tiene su propio y único trasfondo, historia y significado. Puede conocer la trayectoria de su vida, dónde es probable que destaque, con qué lucha, sus patrones de comportamiento y las cosas con las que es probable que tenga problemas espiritualmente hablando. Ningún otro sistema de numerología hace esto mejor que el caldeo.

A, B, C, D...

Hablemos del alfabeto. Lo que tenemos ahora en español es lo más alejado de lo que trabajaban los caldeos en su época. En su lugar, utilizaban el cuneiforme, un conjunto de símbolos de aspecto interesante que eran absolutamente necesarios para la supervivencia y la prosperidad de su cultura. Escribían este cuneiforme en tablillas de arcilla que mojaban y secaban. Su cuneiforme tenía el aspecto que tenía porque era mucho más fácil escribir líneas rectas en la arcilla húmeda. Intentar escribir la letra B o C habría sido problemático. Así que esto nos lleva a preguntarnos, si ellos utilizaban un conjunto de símbolos totalmente diferente al nuestro, ¿cómo podríamos trabajar con la numerología caldea en absoluto?

Aquí tiene la respuesta. Lo que ocurre es que los símbolos y sonidos con los que trabajaban se integraron y adaptaron a otros sistemas de escritura como los jeroglíficos egipcios y otros añadidos de los romanos, hebreos, fenicios y griegos. Sin embargo, a través de todos estos cambios, los significados esenciales de la numerología caldea se mantuvieron durante varios miles de años. Recuerde que este sistema de numerología hace hincapié en la importancia del sonido y su significado, y no importa cómo se represente el sonido "ah" en forma escrita, por ejemplo, siempre será el mismo sonido.

Esta forma de numerología es tan buena que, aunque nuestro alfabeto sea diferente al cuneiforme, podemos seguir deduciendo con precisión el significado de todas las palabras que decimos sin tener que averiguar cómo se escribe en una lengua antigua.

La cosa de las letras y los números...

Hablemos del yin y el yang por un segundo. Es el concepto de que hay algo bueno y algo malo, y hay algo malo en lo bueno y algo bueno en lo malo. Del mismo modo, las letras y los números pueden tener significados positivos y negativos. No es malo que haya vibraciones positivas y negativas para cada letra y número. Es algo bueno, porque cuando sepa qué es lo que le cuesta, simplemente puede buscar la otra cara, que le mostrará lo que tiene que hacer para arreglar las cosas.

Cuando se trata de este sistema de numerología, debe tener en cuenta que cuanto más potente sea el número, más arriesgados pueden ser los aspectos negativos para usted. Por lo tanto, cuanto más potencial positivo tenga un número, más debe desconfiar de su correspondiente potencial negativo.

Comparación de la numerología caldea con la numerología pitagórica

Es posible que conozca otros tipos populares de numerología, como la numerología pitagórica. Esta fue elaborada por el propio Pitágoras en algún momento alrededor del año 500 a. C. Existen grandes diferencias entre estas dos formas de numerología, por lo que es importante no confundirlas si ya ha estudiado la versión de Pitágoras.

En primer lugar, la numerología caldea no funciona con el número 9 porque este número se considera reverentemente divino, por lo que, por respeto a la divinidad, no lo incluyeron en su carta. Sin embargo, estaba bien que el número se utilizara como parte del total de un nombre o palabra, solo que no se adscribía a ninguna letra específica. El sistema pitagórico funciona con los números del

1 al 9. Para los caldeos, el 9 se consideraba el número del infinito, y tiene sentido que pensaran así. *Cuando se multiplica el 9 por cualquier número y se suman los dígitos de la cifra resultante, siempre se obtiene el 9.* Por ejemplo, 9 multiplicado por 3 le dará 27. Si suma 2 y 7, obtendrá 9. He aquí un ejemplo más aleatorio: 9 multiplicado por 47563 le dará 428.067. Sume todos los dígitos de ese resultado y obtendrá 27; 2 más 7 es igual a 9. Saque su calculadora y compruébelo con diferentes números, y lo verá por sí mismo. Es algo fascinante. Sin embargo, parece que a Pitágoras no le importaba todo eso porque asignó la cifra a las letras I y R.

Otra diferencia clave es que la versión pitagórica no se interesa por las vibraciones únicas que produce cada sonido. Para Pitágoras, lo más interesante eran los patrones que había en la secuencia de números y nada más.

Otra cosa genial que tiene la numerología caldea sobre la pitagórica es que, mientras esta última solo se preocupa de su nombre de nacimiento, la primera reconoce que usted tiene derecho a cambiar su nombre y que cualquier nombre que utilice es válido. Se trata del efecto que su nombre actual tiene sobre usted. No le ata a su nombre, especialmente si nunca le ha gustado. Para los caldeos, cada cambio de nombre se tiene en cuenta porque, le guste o no, tener un nuevo nombre significará nuevas vibraciones y cambios en su vida, no solo en términos de cómo le llama la gente, sino también a nivel energético. Además, de todos los sistemas que existen, el caldeo es el único que entiende que las letras no son solo valores numéricos, sino que tienen su propio significado.

Comparación de la numerología caldea con la numerología de la cábala

La numerología de la cábala es hebrea y solo se refiere a su nombre de nacimiento, como la versión pitagórica. La cábala trata de conocer el alma y la mente de uno y no tiene nada que ver con las cosas que suceden en el mundo físico. Se trata más bien del aspecto mental de la vida.

Dado que esta forma de numerología está arraigada en una cultura que venera la fe y las creencias religiosas, debe saber que está arraigada en la ideología de Dios como creador de toda la vida. La cábala sostiene que Dios pudo hacerlo utilizando las letras hebreas, que tienen poder por sí mismas y sus números asignados. De hecho, quienes siguen el camino de la cábala también trabajan con algo llamado *gematría*, que ofrece una forma de interpretar varias palabras y encontrar los significados asociados, algo que les resulta útil cuando se trata de la interpretación de la Biblia.

La cábala reconoce que, para hacer cálculos en forma de numerología, hay exactamente diez categorías de energías con las que se necesita trabajar. Estas son:

1. Kéter
2. Jojmá
3. Biná
4. Jesed
5. Geburá
6. Tiféret
7. Netsaj
8. Hod
9. Yesod
10. Maljut

En cuanto al tema de las vibraciones, la cábala reconoce que existen 22 vibraciones que abarcan un rango de 1 a 400. Aunque este sistema parece tratarse de la autoconciencia y aspira a alcanzar los niveles más altos de conciencia, lo cierto es que no tiene nada que envidiar a la numerología caldea porque solo funciona con el nombre y el segundo nombre. No se preocupa de la fecha de nacimiento y la única razón por la que es tan popular es que muchos famosos se declaran seguidores de la cábala.

Numerología tamil

La numerología tamil también se conoce como numerología védica o india y es una forma antigua de este sistema de adivinación. También funciona con los números del 1 al 9, como el sistema pitagórico. Hay tres números importantes en este sistema:

- El número psíquico
- El número del destino

- El número del nombre

Estos números son muy importantes porque le ayudan a identificar sus cualidades innatas, incluidas las cosas de las que quizá no se haya dado cuenta todavía. También ayudan a predecir el futuro, pero eso es todo.

Por qué debería elegir la numerología caldea en su lugar

La numerología caldea tiene muchos beneficios de los que carecen otros sistemas de numerología. No solo es el sistema más preciso en cuanto al número de su trayectoria vital, sino que también le ayuda a mejorar su vida y a aprender más sobre sí mismo. Si se toma en serio la realización de su destino, debe aprender a utilizar este antiguo sistema.

La razón por la que los sistemas de numerología han existido durante tanto tiempo es que ayudan a millones de personas a ver la verdad sobre ellos mismos. Les ayuda a entender lo que está ocurriendo en su vida e incluso les ayuda a aprender a mejorar. Pero no todos los sistemas son iguales.

Los beneficios de tener un gran número del camino de la vida son muchos. Digo "un gran número de la trayectoria vital" porque es importante, a diferencia de otros números de numerología que no le dicen nada sobre usted o que dejan cosas vagas solo porque las consideran poco importantes. Aquí es donde la numerología caldea sobresale por encima de todos los demás sistemas de numerología. Le ayuda a conocer su número del camino de la vida, a mejorar y, en última instancia, a averiguar el significado de la vida y por qué está aquí. Lo mejor de este sistema es que desglosa todo su nombre, teniendo en cuenta cada letra y los números que hay detrás de ellas.

Es imposible mejorar su vida si no sabe lo que necesita mejorar. Cada vez que pasamos por una determinada experiencia, buena o mala, hacemos un cierto progreso. Esas experiencias nos ayudan a cambiar a mejor, pero solo cuando sabemos qué es exactamente lo que hay que cambiar.

Por ejemplo, digamos que tiene un momento difícil en su carrera y empieza a sentir que la vida no está donde debería estar. ¿No sería bueno saber que debe buscar más sabiduría o conocimiento? Este es el tipo de cosas que una lectura de numerología caldea le ayudará a averiguar. Definitivamente, debería adquirir este antiguo arte para cambiar su vida por completo y convertirse en una mejor persona. No querrá dejar su destino al azar.

Capítulo 2: De los números a los planetas y viceversa

La astrología y la numerología están conectadas entre sí, y en este capítulo aprenderá cómo se relacionan los planetas con cada número.

La astrología y la numerología están conectadas
https://pixabay.com/es/photos/sistema-solar-sol-mercurio-venus-439046/

Rasgos de personalidad del número 1

Este número se corresponde con el Sol, que es la fuente de toda la vida y la razón por la que todo sigue en su sitio. Sin el Sol, es difícil imaginar cómo puede sobrevivir cualquier forma de vida. Si su cumpleaños cae en los días 28, 19 o 1, está bajo la influencia de este número. Lo mismo ocurre si el valor de su nombre es el 1.

Si ha nacido bajo la influencia de este número, lo más probable es que sea una persona que valora la honestidad, y si la gente tuviera que describirle, diría que hay cierta dignidad en su forma de hacer las cosas. Es probable que nunca le pillen vestido de forma horrible, y que se pasee como si fuera el dueño del lugar. No tiene problemas en repartirlo todo cuando se trata de dinero.

Cuando se trata de trabajar, siempre da todo lo que tiene, y por esta razón, el éxito nunca se le escapa. Usted es una persona directa que no ve ningún sentido en la deshonestidad, y a menudo llama a las cosas como las ve. No tiene espacio en su corazón para albergar odio, no es el tipo de persona que juega sus cartas cerca del pecho, y nunca consideraría traicionar a alguien o una causa ni en un millón de años. Lamentablemente, no todo el mundo puede soportar lo franco que es usted, lo que puede ganarle un poco de enemistad de los demás.

Nadie tiene que adivinar a qué atenerse con usted porque sabrá si le gusta o le odia. Además, no está desesperado por la amistad o la compañía de nadie, sino que es un imán que atrae a la gente hacia usted porque es una persona servicial por naturaleza, y su honestidad es una cualidad poco común que mucha gente busca.

Su mente es aguda y no se le escapa nada, por lo que nadie podría ponerle por encima, ya que puede saber de qué van realmente. Su mente aguda también le permite destacar en cosas como las ciencias místicas, las artes, los asuntos metafísicos, la música y todo lo relacionado con el arte.

La influencia del Sol en el número 1

Usted es un gran trabajador. Nadie podría acusarle de ser perezoso, y siempre está haciendo una cosa u otra. También está muy lejos de ser codicioso y prefiere alegrarse por los demás y sus logros.

Al igual que el Sol rige la totalidad de nuestro sistema estelar, usted es el tipo de persona que puede encontrarse dirigiendo cosas, a menudo nominada para estar al frente de los asuntos. La influencia del Sol hace que a usted le vaya muy bien como político o administrador a cargo de otros. No es raro encontrar a los 1 en todo el espacio político.

Rasgos de personalidad del número 2

El número 2 es yin (o un número femenino). La numerología caldea simboliza el amor, la paz, el matrimonio y la asociación. El 2 es un equilibrio perfecto de energías masculinas y femeninas. Sabe que siempre puede contar con alguien con un 2 en su trayectoria vital para que le apoye y le acompañe en cualquier empresa de la vida.

Si su número de ruta de vida es un 2, entonces tiene una gran empatía por los demás y tiene mucho amor que dar a los que le rodean. Pasará tiempo atendiendo las necesidades de un individuo antes de atender las suyas propias si es necesario, porque posee esa cualidad nutritiva característica que la mayoría de la gente necesita en algún momento de su vida. Debe intentar evitar volverse demasiado posesivo o dependiente de otra persona, y descubrirá que sus relaciones serán más sólidas y duraderas.

La tendencia de un 2 es querer ser necesitado por el deseo de amar. Es posible que su madre la haya sobreprotegido en la infancia, pero es probable que esto se deba a que está acostumbrada a estar sola y no tenía un hombre cerca en ese momento. Muchas personas con un número de trayectoria vital de 2 también tienen historias marcadas por relaciones rotas, especialmente en caso de separación o divorcio. Tienen sed de armonía con los demás y tienden a llevarse bien con casi todas las personas con las que se encuentran.

Si usted es un 2, puede ser un compañero y amigo ideal. Tiende a ser muy leal y digno de confianza a menos que alguien le dé motivos para no serlo. Está dispuesto a cuidar de casi cualquier persona durante el tiempo que sea necesario porque busca una unión duradera en sus relaciones. Su tipo de relación favorita es la que se basa en la amistad porque es más probable que perdure a lo largo de los años. Es importante que, si una relación comienza con romance y lujuria, no se permita continuar si los sentimientos comienzan a desvanecerse. Si encuentra que no puede comprometerse durante mucho tiempo, puede tender a ser promiscuo. Es más probable que una relación dure si un miembro de la pareja no se aprovecha del otro. Puede ponerse celoso si otra persona se atreve a coquetear o mostrar interés por su pareja.

El 2 suele ser tranquilo y prefiere no causar una conmoción innecesaria. Si a menudo se hallan observando la vida desde fuera, quieren más de lo que les ofrecen los que les rodean, lo que con frecuencia los lleva a luchar con sus relaciones durante años antes de que algo cambie a mejor. La tendencia de alguien con una ruta de vida 2 es llevarse bien con casi todo el mundo y disfrutar de los beneficios de una relación duradera y sólida si pueden superar las pruebas que pasan al principio.

La influencia de la Luna en el número 2

La Luna abarca el amor, la asociación y la compasión. También representa el pensamiento ilusorio, o lo que algunos llamarían juegos mentales. La Luna influye en las personas del número 2, y se nota en lo emotivas que son. La Luna rige la noche. Es el único satélite natural del planeta Tierra, y su trabajo consiste en iluminar el lado oscuro de nuestro mundo. De ahí que este número obtenga sus atributos; los nacidos el día 2 tienen una profunda conexión con la tierra y un amor por la noche y todo lo que trae consigo. Tienen una forma de ser la luz en la oscuridad para los que atraviesan tiempos difíciles.

Rasgos de personalidad del número 3

El número 3 ha sido descrito como el número de la creatividad, la imaginación y la autoexpresión. La numerología caldea utiliza el número 3 para representar a alguien que es expresivo e imaginativo en su trabajo. Las personas con el número 3 suelen ser muy creativas en sus esfuerzos, y a menudo se les ocurren ideas nuevas e innovadoras que las distinguen de la multitud.

En lo que respecta a las relaciones y amistades, este tipo de personas son compañeros afectuosos y cariñosos que se sienten felices de cuidar a los demás. Suelen ser muy populares entre los amigos porque se comportan de forma amistosa y los demás quieren acercarse a ellos. Este tipo de número también tiende a tener muchas relaciones con muchas personas. Las personas del número 3 pueden ser muy generosas y compartirán gustosamente sus posesiones con los demás. De usted depende que sepan que está abierto a recibir los regalos.

Los que tienen una relación con el número 3 suelen tender a cuidar de los demás a su costa. Sin embargo, es importante que este tipo de personas escuchen de vez en cuando sus propias necesidades, porque a veces pueden verse tan atrapados en ayudar a los demás que se olvidan de sí mismos.

En cuanto a la salud y el bienestar, las personas del número 3 tienden a tener una visión generalmente positiva de la vida. Se consideran almas creativas que pueden ser excelentes científicos, escritores y poetas. A menudo se encuentran rodeados de muchos amigos que les ayudan a desarrollar sus talentos. Debido a algunas de sus otras características, las personas del número 3 se encuentran muy cómodas en entornos de trabajo que no se centran demasiado en las normas y reglamentos. Cuanto más relajados sean estos entornos, mejor se desenvolverán este tipo de personas.

Las personas del número 3 también son amables y fáciles de llevar, pero tienden a adoptar un enfoque de la vida más maduro de lo habitual. Suelen ser el tipo de personas hacia las que gravitan los demás porque tienen un efecto calmante y tranquilizador en los demás. Si tiene un amigo del número 3, descubrirá que su naturaleza relajada y amistosa puede contagiarle con el tiempo.

Los números 3 también pueden ser compañeros muy solidarios. A menudo saben cómo ayudar a otras personas a superar sus problemas y estarán encantados de prestar toda la ayuda que puedan para que la otra persona salga adelante. La personalidad del número 3 se considera muy afortunada, especialmente cuando se trata de su carrera. Este tipo de persona tendrá muchas oportunidades de empleo, no necesariamente porque sea mejor que los demás, sino simplemente porque su capacidad natural para crear formas nuevas e innovadoras de hacer las cosas atrae a los demás hacia ella. Su imaginación es uno de los mayores puntos fuertes de este tipo, y puede utilizarse para conseguir muchas cosas grandes en el trabajo.

La influencia de Júpiter en el número 3

Júpiter

La numerología caldea asigna este número a Júpiter, el planeta de la suerte, el éxito y la prosperidad. Estas personas son muy afortunadas y disfrutan de una vida feliz gracias a su buena fortuna.

Júpiter es también una analogía astrológica de las fuerzas espirituales protectoras que rigen todo lo que hacemos. Su afinidad con el número 3 significa que los nacidos bajo este signo son extremadamente afortunados en todos los aspectos de su vida y siempre tienen algo bueno que esperar. Estos nativos suelen tener éxito en todo lo que hacen.

Rasgos de personalidad del número 4

El número 4 es un número relacionado con la seguridad, el conservadurismo y el sentido práctico. Se considera el número del realista. A este tipo de personas les cuesta desprenderse de la tradición y de las ideas anticuadas. Las personas del número 4 suelen tener dificultades para expresarse ante los demás y pueden presentar una visión muy obstinada de sus ideales.

A menudo pueden ver lo malo en todo mientras ignoran o incluso descartan lo bueno. Por eso les resulta tan difícil comunicarse con los demás. Este tipo de personas también tienden a tener una visión negativa del futuro, esperando siempre lo peor y temiendo perder a sus allegados. Pueden ser muy imaginativos y dramáticos, y a menudo se les ocurren formas excesivamente dramáticas de expresarse.

Los 4 suelen ser buenos en la práctica o desde una perspectiva empresarial. Suelen tener muy buena cabeza para las finanzas y tienen pocas dificultades para administrar su dinero. Esto no significa que este tipo de personas sean egoístas. Todo lo contrario, de hecho, tienden a cuidar de los demás financieramente con gran generosidad y están ahí para los demás cuando surgen necesidades. También tienden a ser muy leales a sus seres queridos y estarán a su lado pase lo que pase.

Es importante señalar que los nacidos con el número 4 suelen describirse como muy idealistas. Suelen tener las mejores intenciones y siempre quieren lo mejor para los demás. Sin embargo, no es desconocido que tengan sus propias ideas sobre cuál debe ser el rumbo elegido. Las personas del número 4 pueden ser a veces demasiado obstinadas para su propio bien y aferrarse a sus ideales durante demasiado tiempo. También pueden ser muy adaptables en situaciones que otros encontrarían difíciles de vez en cuando. Las personas nacidas bajo la influencia del número 4 suelen saber cómo saltarse las normas y los reglamentos para conseguir sus objetivos. No son conocidos por ser especialmente honestos, pero sí por encontrar formas de conseguir lo que necesitan. Esta capacidad de adaptación puede hacer que este tipo de personas sean muy útiles en el trabajo, ya que saben cómo trabajar con los demás y pueden suavizar las situaciones difíciles.

Los 4 tienden a un cierto nivel de obsesión que suele acompañar al lado negativo de este número. Este tipo de personas se preocupan constantemente y encuentran cosas que les disgustan. Si una persona del número 4 no puede desprenderse de algunas de estas preocupaciones, su mente divagará constantemente y pasará mucho tiempo soñando despierta.

Pueden ser muy buenos creando símbolos de estatus y suelen ser coleccionistas. Prefieren comprar algo bonito para ellos mismos y para los que les rodean que necesitarlo realmente y a menudo gastarán mucho más de lo necesario en objetos que consideran que tienen algún tipo de valor, incluso si estos objetos pueden parecer a los demás nada más que basura. Tienen una naturaleza artística en el pensamiento o el trabajo y también son muy creativos en ciertas áreas. Pueden ver las cosas desde una perspectiva diferente y a menudo se les ocurren ideas que a otros no se les ocurren. Este tipo de personas suelen ser muy buenos líderes y a menudo pueden hacerse cargo de las personas y las situaciones.

La influencia de Urano en el número 4

El número 4 se caracteriza por ser paciente, disciplinado y orientado a objetivos, con una fuerte necesidad de orden en su vida. Urano les aporta el impulso radical del cambio. Por ello, pueden verse desequilibrados por los imprevistos que trae consigo Urano, y el choque entre su necesidad de orden y de cambio puede provocar conflictos en sus vidas.

En este caso, hay una medida correctiva que puede tomarse: Si es usted un número 4, practique el despeje de su espacio para que las cosas nuevas no entren en su vida o en su radar de forma demasiado inesperada. Puede que no sea capaz de controlar el mundo que le rodea, pero al menos puede intentar controlar su propio espacio.

Rasgos de personalidad del número 5

El número 5 es el número del placer y la fascinación. Este tipo de persona suele tener una gama muy amplia de intereses. Esto incluye áreas como el arte, la música, la práctica de deportes, los idiomas o incluso los juegos de azar como recreación. Estas personas ven todo lo que les rodea como un juego y se apresuran a ver la diversión en todo. Disfrutan aprendiendo cosas nuevas y siempre buscan el conocimiento.

Los 5 suelen ser muy buenos haciendo amigos y disfrutando de la compañía de los demás. Pueden ser muy enérgicos, compartir su energía de muchas maneras diferentes y suelen ser bastante sociables. Sin embargo, tienden a tener problemas para comprender a los demás, ya que parecen tener problemas para entender el simbolismo que hay detrás de las cosas o para ser capaces de distinguir lo que a los demás les molesta.

Este tipo de persona suele ser demasiado llevadera para su propio bien, ya que tenderá a aceptar la mayoría de las sugerencias, aunque no esté de acuerdo con ellas. Tampoco verán necesariamente los aspectos negativos de estas sugerencias y puede que no sean capaces de ver su relevancia. Esto puede causar problemas a la hora de expresarse o incluso de manejar las críticas.

Las personas del número 5 suelen ser bastante buenas para mantener las apariencias y a menudo se las considera amables y sociables. Sin embargo, esto no siempre significa que estén contentos con su propia vida, sino que se les da bien fingir que son felices. Tienden a ver la vida a través de una determinada lente que han creado para sí mismos, una en la que todo es un juego y la gente necesita tratarles de la misma manera. Esto puede causar problemas cuando se trata de ser demasiado negativo, ya que este tipo de persona puede ser buena ocultando sus verdaderos sentimientos para mantener las apariencias.

Suelen ser muy creativos y les gusta tener la oportunidad de expresarse a sí mismos y a los demás de diferentes maneras. Son muy buenos improvisando y suelen jugar con las cosas. También tienden a ser bastante competitivos y a menudo pueden pasar mucho tiempo adelantándose a los demás y demostrando que son mejores que ellos en algo. Les encanta sentir que han logrado algo que nadie ha hecho antes o que ni siquiera se les ha ocurrido hacer.

Las personalidades número 5 suelen ser muy útiles en las amistades, pero también pueden ser muy celosas. Esto puede causar problemas en las relaciones y puede causar problemas cuando se trata de compartir cosas con los demás. Por lo general, no les gusta compartir el protagonismo y puede resultar difícil si los demás les quitan la atención. Pueden encajar en casi cualquier situación o grupo de personas con relativa facilidad. Tienen un aire de seguridad a su alrededor, lo que les permite llevarse bien con muchos tipos diferentes de personas y les ayuda con las interacciones sociales. Suelen ser bastante buenos escuchando a los demás y comprendiendo sus sentimientos y sus problemas. Los 5 tienden a ser muy generosos y amables, siempre dispuestos a ayudar a los demás cuando pueden. Este tipo de persona no es fácilmente vista como un bravucón por nadie y generalmente tiene muchos amigos que le ayudan en momentos de necesidad.

La influencia de Mercurio en el número 5

Mercurio, el planeta de la comunicación, es el regente del número 5. Mercurio también tiene una fuerte asociación con el intelecto y la información. Mercurio puede ser generoso y proporcionar suerte a los necesitados, pero también puede manipular la conciencia de forma negativa. Las personas pueden sentirse inseguras sobre quiénes son sus verdaderos amigos. Los efectos psicológicos son que pueden sentir que no están recibiendo lo que merecen o que los demás se están aprovechando de ellos o simplemente no están ahí para ellos tanto como les gustaría que estuvieran. El número 5 haría bien en comprender que el único responsable de estar siempre a su lado es él mismo.

Rasgos de personalidad del número 6

La persona número 6 no lucha tanto por sus derechos como otras y tiende a ser muy relajada en este ámbito. Sus planes de vida suelen ser bastante vagos y difíciles de precisar, pero no necesariamente están poco dispuestos a participar en algo importante o beneficioso de alguna manera.

Las personas del número 6 tienden a ser muy generosas con sus emociones y a veces pueden ser muy retorcidas cuando tratan con los demás. Muy a menudo, estarán en desacuerdo con el sistema que les rodea porque sienten que estos sistemas no funcionan correctamente y que deberían cambiarse de alguna manera. Este tipo de personas tienden a sentir que necesitan hacer cambios en su vida en general, pero a menudo no son conscientes de cómo estos cambios les afectarán a ellos personalmente ni de lo importantes que son estos mismos cambios para otras personas.

Este tipo de persona también puede ser muy buena para concluir las cosas y cerrar una conversación o una discusión con las palabras y frases adecuadas. Incluso pueden utilizar esta habilidad para salir adelante, tratando de hacer parecer que son menos inteligentes de lo que realmente son y utilizando esto para manipular a los demás. Esto puede causarle problemas a la hora de ir a la escuela o al trabajo.

Los 6 son muy emocionales y bastante dramáticos, lo que les dificulta encajar o incluso hacer un buen trabajo o carrera. Esto no quiere decir que no puedan lograr nada, sino que deben aprender a aceptar la idea del compromiso para lograr sus objetivos o los de otra persona. Deben mirar fuera de sí mismos y ver lo que quieren los demás antes de poder trabajar para conseguir sus propios deseos. Esto provocará algunas fricciones con otros tipos de personalidades e incluso puede causar problemas con sus allegados.

Las personas del número 6 tienden a ser sociales y les gusta estar rodeadas de otros. Suelen estar dispuestas a probar cosas nuevas, a salir con otros y a hacer un poco el tonto para hacer felices a los demás. Sin embargo, tienden a aburrirse fácilmente de las cosas en general y pueden volverse muy malhumorados a veces. No les gustan los conflictos, y si se les da a elegir entre dejar un problema o soportarlo, rara vez elegirán lo segundo.

En lo que respecta a las amistades, las personas del número 6 suelen ser muy honestas cuando tratan con los demás y son capaces de comprometerse cuando es necesario. Por lo general, saben escuchar con atención cuando alguien quiere que los escuchen y acepten sus opiniones. Este tipo de personas también pueden ser ligeramente taimadas y solapadas cuando se trata de conseguir lo que quieren.

Pueden encajar en casi cualquier situación o grupo de personas con relativa facilidad. Tienen un aire de seguridad a su alrededor, lo que les permite llevarse bien con muchos tipos diferentes de personas y les ayuda con las interacciones sociales. Suelen ser bastante buenos escuchando a los demás y comprendiendo sus sentimientos y sus problemas.

La influencia de Venus en el número 6

Venus

Debido a Venus, estas personas tienden a ser muy amables y serviciales, casi hasta el extremo. Intentan constantemente ayudar a los demás, y ayudar es su pasatiempo favorito. Muchas de estas personas son propensas a ofrecer consejos o ideas no solicitadas sobre los problemas. Otros harán suyas las causas en las que creen sus amigos, aunque ellos mismos no compartan esas mismas creencias. Prefieren "ayudar" que "perjudicar". La teoría de la numerología caldea muestra cómo Venus siempre intenta curar lo que le aqueja. Estas personas brillan de verdad cuando pueden ayudar y cuidar a otras personas.

Rasgos de personalidad del número 7

El 7 es un número de la suerte y un signo de buena fortuna. Este número también puede verse como "el buscador" o "el pensador". Este tipo de personalidad se manifiesta como pensadores sistemáticos que rara vez cambian de opinión sobre las cosas. Son excelentes gestores a los que no les gusta involucrarse en los problemas de los demás. El tipo de personalidad 7 tiene unos estándares morales muy elevados y es discreto - incluso reservado - cuando se guarda sus pensamientos para sí mismo.

Siempre son honestos y dignos de confianza, pero no les gusta participar en actividades sociales. Les gusta estar solos y son tranquilos por naturaleza. También son muy reservados y solo hablan cuando tienen algo importante que decir. Las personas integradas con un tipo de personalidad 7 creen que la vida se basa en el equilibrio, los valores y los principios. Les encanta leer libros, resolver problemas matemáticos y la jardinería. Las mejores opciones profesionales para ellos incluyen las matemáticas, la ingeniería, la medicina, la ciencia o cualquier otro campo de investigación.

Las personas con este tipo de personalidad tienden a ser tranquilas pero retraídas la mayor parte del tiempo. A menudo prefieren estar solos a mezclarse con otros en reuniones o fiestas. Cuando están en un grupo de personas, no se presentan a otros desconocidos. Las personas con este tipo de personalidad son muy prácticas y sistemáticas a la hora de afrontar los problemas.

Las personas con el tipo de personalidad número 7 tienen una fuerte capacidad de análisis y un intenso poder de concentración. Pueden trabajar en una tarea durante largas horas sin perder la concentración ni distraerse con otras cosas. Son personas directas y honestas que respetan la tradición, la fe, la familia y los valores personales por encima de todo. Creen en el trabajo duro para que su familia pueda disfrutar de los frutos de su labor. Al mismo tiempo, desean el respeto en lugar de la popularidad.

Son individuos sensuales y encantadores que son muy exigentes con sus parejas. Siempre eligen a parejas que puedan estar a su altura intelectual y emocionalmente. Las personas del número 7 viajan mucho a lo largo de su vida porque necesitan escapar de las trampas de la rutina diaria para sentirse frescas y con energía. Puede que oculten sus verdaderos sentimientos a los demás, pero eso no significa que carezcan de emociones o empatía.

La influencia de Neptuno en el número 7

Como número 7, usted tiene un aire de misterio. Es difícil saber lo que piensa o siente porque su mente está en constante movimiento. Neptuno es como la niebla matutina que se dispersa rápidamente y deja el mundo que le rodea fresco y vivo con nuevas ideas y posibilidades.

El proceso de alejarse de los viejos patrones y hábitos puede ser un reto para los 7, pero pronto encontrarán el éxito en su camino al descubrir un nuevo significado detrás de una vida que se convierte en el centro de todo lo que hacen. Esto es gracias a Neptuno, que proporciona una fuente de inspiración que ayuda a los números 7 a cuestionarse cosas como la religión o la filosofía, a salir de la caja del statu quo y a encontrar un propósito en sus nuevas formas de ver y hacer las cosas.

Rasgos de personalidad del número 8

Las personalidades del 8 son ambiciosas y están orientadas a los objetivos. Viven su vida con un sentido de urgencia y pueden ser un poco impacientes. Las personalidades 8 no suelen conformarse con "estar bien", sino que quieren ser los mejores en todo lo que hacen. Trabajan duro para alcanzar el éxito en todos sus esfuerzos y no se conforman con nada menos que ser los mejores en todo.

Los 8 pueden resultar un poco abrasivos o egocéntricos cuando intentan alcanzar objetivos, especialmente si sienten que sus ideas no son respetadas o si sus objetivos son desafiados de alguna manera. Necesitan aprender a encontrar un equilibrio entre lo que quieren y lo que es mejor para los demás, en lugar de centrarse únicamente en sí mismos todo el tiempo.

Son líderes naturales y nunca son seguidores. No les gusta ser controlados o manipulados por otros de ninguna manera, forma o manera y defenderán lo que creen. Las personalidades 8 tienen fuertes convicciones a la hora de tomar decisiones y a veces pueden parecer poco razonables o intransigentes debido a su fuerte sentido de la determinación. Les encanta aprender cosas nuevas y están muy interesados en descubrir la verdad, sobre todo. Tienen una naturaleza extremadamente curiosa y les encanta averiguar cómo funcionan las cosas. Por ello, los 8 son excelentes inventores, investigadores, científicos, etc.

Pueden ser extremadamente exigentes y quieren que las cosas se hagan rápido y bien. Quieren que las cosas se hagan sin importar lo que cueste o los obstáculos que aparezcan en el camino. No les gusta esperar a que se produzcan resultados y no tienen miedo de correr riesgos para conseguir lo que quieren.

Los 8 no son muy buenos delegando tareas, sino que prefieren hacerlo todo ellos mismos. Si una tarea es demasiado grande, la dividirán en trozos más pequeños para que sea más fácil de gestionar. Tal vez deban considerar la posibilidad de delegar tareas en algunas situaciones en lugar de tratar de manejar todo por su cuenta todo el tiempo. Esto liberaría más tiempo para que ellos y otros puedan disfrutar haciendo otras cosas también.

Los 8 tienden a procrastinar, especialmente cuando se trata de hacer algo que no les atrae. Si una tarea es desagradable o aburrida para una personalidad 8, la dejará para el último momento. Las personalidades 8 deben aprender a gestionar su tiempo adecuadamente para no tener momentos estresantes como este en el futuro. Los 8 son más sensibles y sentimentales que la mayoría de la gente. Están en sintonía con los sentimientos de los demás y pueden sentirse fácilmente heridos si alguien es insensible con ellos o si alguien hace algo desconsiderado. Necesitan aprender a comunicar sus sentimientos de forma más asertiva para que los demás puedan entender de dónde vienen sin que las cosas se calienten demasiado o se vuelvan emocionales.

Las personalidades 8 son líderes carismáticos que poseen carisma, fuerza, valor y ambición, todas las cualidades de un verdadero líder. No temen ser criticados por los demás o tomar las riendas cuando sea necesario; harán lo que sea necesario para que todos salgan ganando.

La influencia de Saturno en el número 8

En el sistema de numerología caldea, se dice que Saturno crea personas fuertes, firmes y valientes. Debido a Saturno, los 8 tienen un profundo sentido de la justicia y la rectitud. Creen que tienen el derecho divino de impartir justicia porque ya la protegen al ser seres tan moralmente correctos.

Tabla de numerología caldea

¿Tiene curiosidad por saber cuál es el valor numérico de cada letra en la numerología caldea? Aquí tiene:

1 2 3 4 5 6 7 8

A B G D E U O F

Q R C M H V Z P

Y K L T N W

I S X

J

Seguramente habrá notado la ausencia del número 9, y ya hemos repasado por qué. No es que no tenga ningún simbolismo; los ocultistas reconocen este número como la esfera más alta, la representación misma de la divinidad; por lo tanto, no requiere ninguna letra para representarlo. Dicho esto, cuando ocurre que el nombre de alguien suma un 9, o los números compuestos 27, 18, 36, etc., se le pueden atribuir los rasgos del 9.

Capítulo 3: Entender los números compuestos

En todos los sistemas de numerología, los números suelen tener los mismos rasgos y significados, pero lo que ocurre con la numerología caldea es que se necesita mucho más que lo que significa cada número por sí solo. Es decir, tiene *números compuestos.*

Los números que hemos repasado en los capítulos anteriores son solo números simples o raíces, también llamados *números principales.* Sin embargo, ha llegado el momento de hablar de los números compuestos o dobles. Estos números pueden aportarle mucha información sobre su vida. Es el meollo del tema de la numerología caldea, pero no deje que este hecho le asuste porque puede entenderlos con solo un poco de estudio y tiempo.

Mientras que los números simples le mostrarán cómo le perciben los demás en su vida, los números compuestos le revelarán los impulsos y motivos ocultos que le llevan a actuar de la forma en que lo hace. Estudiarlos detenidamente puede darle algunas pistas sobre su futuro o sobre lo que está destinado a conseguir en la vida.

Todos los números a partir del 10 forman números dobles. Digamos que está viendo el número compuesto 13, por ejemplo. Podría descomponerlo en una raíz de 4 sumando ambos dígitos, pero dicho esto, el 1 y el 3 forman un número compuesto con su propio y único significado diferente del número raíz.

Los números compuestos

Número 10: Está representado por la Rueda de la Fortuna, y como número compuesto, representa las ideas de confianza, seguridad en uno mismo y ser honorable en todo lo que se hace. También tiene que ver con el hecho de que uno puede elevarse con la misma facilidad con la que puede caer. El número 10 es un número reconocido por su potencial para el bien o el mal. La forma de expresarlo en su vida depende de sus deseos y de cómo decida darles vida. En la numerología caldea, se considera un número que puede traerle una gran fortuna, lo que significa que cualquier cosa que busque lograr en la vida es probable que se desarrolle de acuerdo con el plan.

Número 11: Este número lleva aparejado bastante peligro, hasta el punto de que algunas personas recomiendan cambiarse el nombre si se tiene este número compuesto. Las personas que lo tienen como número compuesto tienen que vivir una vida plagada de traiciones y engaños. Está representado por el León amordazado o la mano cerrada. Si este es su caso, es posible que su vida esté llena de muchos desafíos.

Número 12: Este número representa el arquetipo de la víctima o del sacrificio. Es un número regido por la ansiedad y la inquietud, y a menudo implica que uno puede tener que hacer todo tipo de sacrificios por cuenta de los demás, ya sea para ayudarles o simplemente porque sus luchas les divierten.

Número 13: Este número representa la energía de la muerte montada en un caballo con su guadaña, que utiliza para cosechar almas para el otro lado, y se representa con el símbolo del esqueleto. La esencia de este número es el *cambio*. Esta oleada de cambios podría llegar de muchas maneras, desde que tenga que cambiar sus planes, el lugar donde vive, etc. Sin embargo, no deje que este cambio le asuste *porque el cambio no siempre es malo*. Cuando lo acepte, tendrá dominio sobre todo lo que se le presente. Claro que el cambio puede traer destrucción y alterar totalmente el mundo tal y como lo ha conocido siempre, pero con esa destrucción viene la oportunidad de empezar de nuevo y ser mejor que nunca. Este número también representa el poder, que en sí mismo es neutro, pero que puede crear resultados buenos o malos, dependiendo de cómo lo ejerza. Este número le advierte que debe esperar lo inesperado y hacer las paces con lo desconocido cuando aparece como uno de sus números compuestos.

Número 14: Este número representa la idea de movimiento. Trata de cómo las cosas, las personas y las ideas pueden combinarse para crear algo nuevo. También tiene que ver con el peligro que puede presentar la madre naturaleza, como los incendios, los tornados, las inundaciones, etc. Sin embargo, no deje que este número le asuste, porque es absolutamente estupendo cuando se trata de asuntos relacionados con sus finanzas, cambios en los negocios y hacer conjeturas calculadas en asuntos de dinero. Sin embargo, si este es su número, no significa que deba volverse demasiado arrogante porque siempre hay un elemento de riesgo, no por usted, sino por los que le rodean que podrían hacer algunas tonterías que podrían poner en peligro sus resultados. Por ello, debe tomar las precauciones necesarias.

Número 15: Este número representa el misterio y la magia. Es muy importante para los ocultistas, pero no porque sea el más grande. Es que quien tiene este número tiene acceso al poder de la magia, y tiene un talento natural para manejarlo para lograr lo que se proponga. Cuando este número está conectado a un principio con buenas ideas, podría ser extremadamente afortunado para usted. Sin embargo, cuando está conectado a números como el 4 o el 8, significa que podría no tener problemas para caminar por el lado más oscuro de la magia. Normalmente, quienes están bajo la influencia de este número compuesto tienen el don de la palabra. Son geniales en todas las formas de arte y música, y cuando están de humor, pueden dar algo de dramatismo, ya que tienen un temperamento bastante interesante y una forma extraña de atraer a la gente hacia ellos sin intentarlo. Nunca tienen que preocuparse por el dinero y, por alguna razón, la gente está más que contenta de hacerles favores incluso sin que se lo pidan.

Número 16: Este número está relacionado con la carta del tarot de la Torre, y podría llamarse la "ciudadela destrozada". El número 16 dice que debe tener cuidado con las cosas peligrosas que se avecinan, especialmente en lo que respecta a los planes que ha trazado para su vida. Tiene que ver con su futuro y sirve como advertencia de que debe estar muy atento para planificar las contingencias con suficiente antelación para no acabar en situaciones problemáticas que podrían haberse evitado.

Número 17: Este número está representado por Venus y su estrella de 8 puntas, que es la personificación de la paz y el amor. Algunos la llaman la Estrella de los Reyes Magos, lo que debería indicarle lo espiritual que es el número 17. Cuando usted nace bajo la influencia de este número compuesto, significa que ha superado todos los retos en su vida espiritual y también en su vida profesional. Ha llegado a la verdadera inmortalidad en todo el sentido de la palabra, y su nombre seguirá vivo mucho después de que usted se haya ido. Mientras no haya ninguna conexión con los números 4, 8 y otros números compuestos que puedan descomponerse en esos dos números, este número es muy bueno y traerá a quienes estén bajo su influencia suerte y buena fortuna en todo lo que hagan.

Número 18: Este número tiene un simbolismo muy interesante relacionado con él: una luna y sus rayos goteando sangre, mientras que debajo de ella hay un perro y un lobo. Ambos animales están hambrientos, con la boca abierta para atrapar la sangre que cae. Además, hay un cangrejo que quiere participar en la acción. ¿Qué significa este extraño símbolo y cómo está relacionado con el número 18? Bueno, representa la idea de que cuando uno no tiene cuidado, lo material puede anular por completo todo el progreso espiritual. Este número está relacionado con temas como la guerra y las peleas, desde las internas y personales hasta las interpersonales y entre naciones enteras. Pretende advertirle que espere engaños y traiciones a cada paso, y también podría representar los peligros de la propia Madre Naturaleza. Cuando este número aparece cuando está calculando la favorabilidad de la fecha, significa que debe tener cuidado y ejercer mucha precaución ese día.

Número 19: Se trata de un número muy afortunado que, reducido a un solo número, le da el 1, que representa al sol. Representado como el príncipe del cielo, cuando este número aparece para usted, significa que puede esperar el éxito en todo lo que haga. Significa que será muy feliz y que sus bendiciones serán tan evidentes que los demás no podrán evitar notarlas y verse afectados por ellas, para bien o para mal. Es una buena idea hacer planes para su futuro porque existe la posibilidad de que las cosas le salgan de maravilla.

Número 20: El 20 es el número del juicio o del despertar, si lo prefiere. Tiene que ver con encontrar cosas nuevas, ya sea un nuevo sentido de propósito, nuevos logros, nuevos planes y un amor renovado por la vida. Es un número que le pide que alcance las estrellas porque su propósito es mucho más grande que cualquier cosa que pueda imaginar. Este número no tiene que ver con el éxito material. De hecho, es dudoso que sea ahí donde destaque. Cuando trabaje con este número para planificar su futuro, aprenderá que le está advirtiendo sobre posibles obstáculos en sus planes, y debe estar atento a ellos. La forma de superar cualquier contratiempo es trabajando con su lado espiritual, porque es en el espíritu donde triunfará.

Número 21: Este número está representado por la corona de los Reyes Magos o el Universo. Representa la idea de que, haga lo que haga, siempre está avanzando. Tiene que ver con la elevación constante y con recibir el honor por lo que logra, y si este número es el suyo, significa el hecho de que no importa lo duro y largo que haya sido su esfuerzo, el éxito será inevitablemente suyo. Este éxito es algo que solo puede alcanzar después de haber demostrado repetidamente que nunca se va a rendir sin importar lo que la vida le depare. Es un número que le llama a mantener la esperanza y a ser leal a su causa.

Número 22: Este número le advierte de que es susceptible de que le tomen por tonto debido a la bondad de su corazón. Es un número que implica que puede suponer que es una especie de Pollyanna en un mundo en el que nada va mal, y solo será consciente de su engaño cuando se encuentre rodeado de montañas de peligro. Normalmente, estos delirios pueden ser alimentados por aquellos que ofrecen sus opiniones y juicios incorrectos.

Número 23: Este número le promete el éxito en todo, especialmente porque es probable que reciba ayuda de aquellos que son más influyentes o poderosos que usted. Hacer planes teniendo en cuenta este número implica mucho éxito.

Se le conoce como la Estrella Real del León.

Número 24: Este número también es bueno. Le dice que aquellos que tienen los medios necesarios para que usted logre lo que desea, le ayudarán, y significa que es probable que encuentre este éxito por medio del amor, particularmente con el sexo opuesto.

Número 25: Este número representa la idea de fortaleza a través de todas las situaciones y las cosas buenas que pueden llegarle cuando elige hablar menos y mirar más, observando lo que la gente dice y hace y cómo se desarrollan las cosas. Ahora bien, este no es un número particularmente afortunado en el sentido de que todos los resultados exitosos que le lleguen probablemente sean el resultado de mucha lucha y tribulación en la primera parte de su vida.

Número 26: Este es un número que está plagado de advertencias sobre el futuro de uno, que le indican que debe estar preparado para posibles problemas, ruina y desastres. Estos problemas suelen ser provocados por las asociaciones en las que se mete, las opiniones de otras personas y los terribles consejos que pueden ofrecerle.

Número 27: Este número se refiere a la idea de estar al mando. Se trata de tener poder y ejercerlo en una posición de autoridad. También indica que obtendrá buenos resultados gracias a su aguda mente y a la creatividad que brota de usted. Le irá mucho mejor ejecutando sus propios planes que haciendo lo que otro le sugiere cuando tiene este número compuesto. Deberá seguir el camino que le es propio.

Número 28: Este es un número interesante con muchas ideas contradictorias. Por ejemplo, encierra un gran potencial de grandeza, pero también sugiere que ese potencial puede apagarse fácilmente a menos que planifique su futuro. También parece indicar que la forma en que puede verse superado por la pérdida es confiando en otras personas, teniendo que competir y lidiando con enemigos a su alrededor. Otros problemas podrían provenir de que la ley no esté de su lado, y siempre existe la posibilidad de que tenga que empezar constantemente una y otra vez.

Número 29: Este no es un buen número en absoluto. Indica un camino lleno de repentinos peligros imprevistos, luchas, amigos en los que simplemente no se puede confiar, mucho por lo que llorar y perder el sueño, ser engañado por los del sexo opuesto, y más.

Número 30: Este número le inspira a ser retrospectivo y a utilizar lo que recoge de su pasado para considerar lo que puede venir en el futuro. Implica que su perspicacia mental está muy por encima de los que le rodean, hasta el punto de que es posible que no considere en absoluto las cosas materiales. Por lo tanto, este no es un número de mala suerte, y tampoco es afortunado. Todo se reduce a la forma en que usted piensa en su vida. Puede ser tan poderosa como usted quiera.

Número 31: Este comparte algunos de los mismos atributos que el número 30, pero la diferencia es que cuando el número influye en usted, es más probable que esté solo en su mayor parte. Tenga en cuenta que no es el mejor número para tener cuando se trata de asuntos del aspecto material de la vida.

Número 32: Este es mágico, similar al número 5, o a todos los números compuestos que suman 5. Si usted es el tipo de persona que puede mantener sus propios pensamientos y reservas originales sobre las cosas, este es un gran número. Sin embargo, si las ideas y opiniones de otras personas le influyen fácilmente, es muy probable que sufra por su insensatez.

Número 33: Por sí solo, este número no tiene ningún poder. Sin embargo, su significado es muy similar al del número 24, y también está relacionado con el número 6.

Número 34: Este número tiene la misma frecuencia que el número 25.

Número 35: Este número significa lo mismo que el 26.

Número 36: Este es el mismo que el 27.

Número 37: Este número tiene su propio poder. Es un número que dice que tendrá una gran fortuna en lo que respecta al amor y la amistad, y que también tendrá mucha suerte con los del sexo opuesto. Cuando este número aparece en términos de pareja, es algo muy bueno.

Número 38: Este tiene el mismo significado que el 29.

Número 39: Este es el mismo que el número 30. Ambos se reducen a un solo dígito, el 3.

Número 40: Este tiene el mismo significado que el 31.

Número 41: Este significa lo mismo que el 32.

Número 42: Es el mismo que el 24.

Número 43: Este número conlleva mucha mala suerte, y su energía tiene que ver con el fracaso y la lucha. También representa la idea del cambio, que lleva a una revisión completa de todo lo que ha conocido. No es un buen número para hacer planes.

Número 44: Este significa lo mismo que el 26.

Número 45: Este es el mismo que el 27.

Número 46: Este es el mismo que el 37.

Número 47: Este es el mismo que el 29.

Número 48: Este es el mismo que el 30.

Número 49: Este lleva la misma frecuencia que el número 31.

Número 50: Este significa lo mismo que el 32.

Número 51: Este es un número poderoso que lleva la energía de ser un guerrero. Le indica que es probable que tenga un rápido progreso en lo que decida hacer, lo cual es algo muy bueno para usted, particularmente si es un líder.

Número 52: Este es el mismo que el 43.

El anterior representa las 52 semanas. Ahora, trabajemos con el simbolismo de estos números dobles y los números simples.

Capítulo 4: Sus números de destino

El número del destino es muy importante en la numerología caldea, y también se conoce como el número de su nombre, porque proviene de su nombre. Es lo que ayuda a la gente a descifrar su carácter, lo que más desea de la vida, lo que le frena y lo que debe hacer para que sus sueños se hagan realidad. En otras palabras, si quiere saber por qué está en este puntito azul, tiene que mirar de cerca su número de destino. Puede que esté teniendo mucho éxito en lo que sea que esté haciendo en este momento, pero eso no significa necesariamente que esté aquí para eso, o puede que no encuentre mucha alegría a pesar de lo bien que le va. Todo lo que tiene que hacer es sumar todos los números que componen cada letra de su nombre. Siga sumando los resultados que obtenga hasta que solo le quede un dígito.

Por qué es importante el número del destino

Necesita conocer este número porque le revelará el camino hacia el éxito, pero también le mostrará exactamente lo que necesita hacer para autorrealizarse en la vida. También le muestra cómo tiende a manejar las circunstancias que se presentan en su vida, ya sean favorables o desfavorables. Aprenderá si es usted el tipo de persona a la que le gusta coger el toro por los cuernos y abordar las cosas de frente o si es más bien el tipo de persona a la que le gusta dejarse llevar por la corriente y ver a dónde le llevan las cosas. El número también le mostrará cómo es su trato con las personas de su vida.

Ahora bien, no siempre es fácil trabajar con su número del destino porque hay veces que lo que usted cree que debería hacer no es lo que su número del destino le pide. Es mejor confiar en él porque es el epítome de lo que su ser superior realmente quiere, y es el camino hacia su grandeza.

Su número de destino frente a su número de nacimiento

Cualquiera que quiera saber quién es realmente haría bien en conocer sus números. Por ejemplo, supongamos que usted nació el 11-10-1973. Cuando sume todos los números de su cumpleaños, obtendrá su número de destino. Así, en este ejemplo, esto es lo que obtendría

$1 + 1 + 1 + 0 + 1 + 9 + 7 + 3 = 23$

$2 + 3 = 5$

Esto implicaría que usted tiene el 5 como número de destino.

Mientras que el número de nacimiento habla del cuerpo y el carácter, el número de destino mostrará lo que probablemente experimentará, cómo se relacionará con los demás y cómo acabará probablemente su vida. Si tiene un número de destino más influyente que su número de nacimiento, eso significa que incluso sus rasgos físicos y su carácter dependerán del número de destino y no del número de nacimiento.

Su número de nacimiento puede revelar cuál es su estatus en la vida y qué es lo que más anhela su corazón, pero el número del destino es el que le permitirá saber hasta dónde puede llegar en la vida y qué suerte le deparará el destino. Sin embargo, esto no significa que deba temer a su destino, ya que puede prosperar incluso dentro de los parámetros establecidos que le ofrece su número del destino. El truco está en asegurarse de que se encuentra en un campo que es más adecuado para usted de lo que está haciendo si no está ya en su camino. Cuando trabaje tanto en un campo que no es el suyo, experimentará muchos obstáculos en su camino. Esto es lo que ocurre a veces con los que se ven constantemente acosados por el fracaso o con los que finalmente lo consiguen después de eones de lucha solo para darse la vuelta y perderlo todo cuando finalmente "lo consiguen".

Número de destino 1

Este número de destino es el que tiene que ver con el liderazgo en todos los aspectos de la vida. Si este es su número de destino, significa que suele ser autosuficiente y que todo lo que hace está impulsado por sus propios pensamientos y deseos y por los de nadie más. No hay nada que le guste más que ir por delante, y lo hace de forma natural. Las personas con este número de destino no se la juegan en su vida profesional, y suelen ser las que lideran el grupo. Lo mismo puede decirse de su vida personal. Son excelentes gestores de personas, por lo que pueden dirigir un negocio sin problemas y tienen todas las habilidades y rasgos de personalidad de un líder poderoso y exitoso. El único problema de este número es que existe la posibilidad de que las personas bajo su influencia estén muy influenciadas por el ego. Esto podría manifestarse de varias maneras, como el egoísmo, la incapacidad de sentir realmente lo que los demás están pasando y ser un poco demasiado duros con los demás que no están tan dotados como ellos. Esto puede hacer que sean unos de los socios más difíciles de tratar.

Cuando se trata de su vida amorosa, tienden a ser la pareja más dominante. En otras palabras, si su pareja también es dominante, puede haber muchos problemas con los que lidiar en esa relación. Esto puede no ser un problema para los que tienen este número del destino porque, para empezar, no les interesa mucho el romance. Esta es solo una razón más por la que les conviene más alguien sumiso y dispuesto a permitirles hacer lo que les plazca, apoyándoles en todo lo que hagan.

Nadie está exento de tener experiencias que conduzcan a cambios dramáticos que puedan llevarnos a nuestro destino. Aquellos que estén bajo la influencia del número destino 1 tendrán que enfrentarse a ciertas circunstancias que les mostrarán lo dispuestos que están a llamar a un poder superior para que les ayude a ser más individuos en todo lo que hagan. Puede que no empiecen siempre siendo tan dominantes y asertivos, pero llegará un momento en el que deban tomar esa decisión en la vida. Al igual que el resto de nosotros, tienen lecciones que el karma debe enseñarles. La lección clave para las personas con este número de destino es que el mundo gira en torno a otras cosas además de ellos mismos. Su última tarea es averiguar cómo pueden seguir siendo líderes e individuos al tiempo que se aseguran de no perjudicar a otras personas en el proceso. Este es un proceso que dura toda la vida y que requerirá mucha creatividad por su parte.

Número de destino 2

Los nacidos bajo la influencia de este número tienden a ser agradables en general. A diferencia del número 1, siempre están dispuestos a trabajar con otras personas y no tienen problemas para someterse. Son los seguidores y socios más excelentes que se puedan pedir. Si este es su número de destino, la idea de cómo puede triunfar en la vida es trabajar con otras personas, al igual que la luna trabaja con la luz del sol.

Las personas con este número de destino suelen ser bastante diplomáticas. Siempre encuentran la forma perfecta de hacer llegar su mensaje sin necesidad de invadir a nadie y sin dejar de conseguir lo que quieren. Son personas naturalmente amables y empáticas que hablan con gracia y son gentiles en todo lo que hacen. Tienen una conexión muy fuerte con su intuición y son increíblemente sensibles a las energías que les rodean. Esta fuerte sensibilidad hace que se opongan a cualquier forma de conflicto y hace que ser agradable sea la opción más fácil para ellos en todo momento.

Porque este tipo de personas siempre están dispuestas a colaborar con los demás, lo que les convierte en los compañeros más cariñosos que pueda tener. En el amor, siempre que se enfrentan a una situación que resulta problemática, tienen la ideología de que es "usted y yo contra el problema" y no "usted contra mí". No les interesa ganar a toda costa, sino que están más interesados en crear situaciones en las que todos salgan ganando. Esta es una de las muchas razones por las que, para los números 2, sus relaciones tienden a durar mucho tiempo. Ya sea en los negocios o en su vida amorosa, se aseguran de que los cimientos de las relaciones que crean sean muy sólidos.

Los 2 pueden ser personas muy cariñosas. Si quiere a alguien que le nutra por lo que esté pasando y que siempre le demuestre que le importa sin juegos mentales innecesarios, esta es la persona que quiere tener a su lado. Sin embargo, debe tener en cuenta que suelen sentirse atraídos por quienes son más dominantes. Este tipo de equilibrio es lo que hace que sus relaciones funcionen a largo plazo, siempre que la persona dominante no se aproveche de la sumisión del número 2. Si este número del destino le influye, lo mejor es que esté con una pareja que aprecie su apoyo y no se aproveche de su bondad.

Como persona del número 2, usted es muy espiritual e intuitivo, y también se aficiona con bastante facilidad a los asuntos esotéricos. Lo más probable es que tenga unas capacidades psíquicas muy fuertes. Por lo general, usted ha sido bendecido con este don porque no es el mejor para ser dominante. Por eso, le resulta mucho más útil detectar cuándo las personas son tóxicas desde el punto de vista espiritual para no dejarse arrastrar por sus tonterías a causa de lo dominantes que son. Es muy posible que no siempre estuviera en contacto con sus habilidades psíquicas en su vida pasada, lo que le llevó a tener tantos problemas. Por eso, en esta ocasión, le resulta absolutamente imposible ignorarlas cuando lo divino le habla.

Le iría extraordinariamente bien en carreras que impliquen espiritualidad y asesoramiento. Cualquier cosa que implique ayudar a la gente o expresarse artísticamente también es una buena opción. Sea cual sea su elección, el hecho es que todo lo que haga tocará a la gente de una manera muy profunda.

Número de destino 3

Este número está fuertemente relacionado con la creatividad. Cuando se junta la fuerza de los dos anteriores, lo que se obtiene es la energía de este número de destino. En otras palabras, la luz y la oscuridad juntas harán nacer una creatividad sin igual. La influencia de Júpiter en este número significa que aquellos que están controlados por este número pueden crear algo magnífico trabajando con las fuerzas primordiales de la vida.

El destino 3 está relacionado con la creatividad
https://pixabay.com/es/photos/pintura-maquillaje-ni%C3%B1a-2985569/

Lo interesante de las personas nacidas bajo el número 3 es que suelen ser realmente radiantes en persona. Si pudiera echar un vistazo a sus mentes, las encontraría llenas de ideas brillantes. Son tan alegres como inteligentes. Si este es usted, no tiene ningún problema para expresar sus pensamientos reales, y tiene mucha confianza en sí mismo en todo lo que hace. Es usted un aprendiz muy ávido y, sea lo que sea lo que esté consumiendo, no es difícil que la información se le quede grabada. Debido a esta capacidad de aprendizaje, usted es muy creativo y artístico. Los números 3 suelen tener bastante sentido del humor. Son algunos de los mejores escritores y músicos. También podrían dedicarse al arte si lo desean. Realmente no hay límite para las diferentes formas en las que pueden trabajar con sus dones.

Cuando se trata de asuntos del corazón, este número no tiene problemas para atraer a la gente. Todo el mundo los quiere y desea estar cerca de ellos. Tienen un fino equilibrio entre la dominación y la sumisión, y saben bailar de un lado a otro entre ambas para permitir la paz, el amor y la comprensión en sus relaciones. Si este es su caso, la única razón por la que se relaciona con otras personas es simplemente por el puro placer de conectar con los demás. Sin embargo, no tiene reparos en apretar el gatillo y terminar las cosas rápidamente si nota que no está siendo honrado en la relación.

Haber nacido bajo la influencia de este número significa que a veces tiene que lidiar con un poco de lucha. Es el eterno dilema del artista hambriento. Su trabajo consiste en confiar en que su yo superior conoce bien el plan que ha trazado para usted y que funcionará maravillosamente siempre que responda a su llamada.

Número de destino 4

Los nacidos bajo la influencia de este número suelen ser las personas más prácticas, y nunca se les podrá acusar de no ser muy trabajadores. El cuatro es el número de la productividad. Por lo tanto, no hay nada que estas personas hagan mejor que conseguir que se hagan las cosas. Este número también representa la idea de finalización. Es un número que representa la importancia de mantener una estructura adecuada y ordenar todo correctamente para que el mundo no descienda al caos o permanezca en él durante demasiado tiempo.

Si ha nacido bajo la influencia de este número, es probable que su mente esté más preocupada por las cuestiones materiales. Esto puede ser algo increíblemente bueno para usted, especialmente en su carrera. Lo más probable es que tenga una cantidad significativa de poder en su negocio. Su energía es similar a la del destino número uno en este sentido, por lo que tiende a ocupar puestos directivos, o al menos prosperaría si estuviera al mando. Es usted el tipo de persona a la que no le importa enfadar a algunas personas de vez en cuando si eso significa que va a hacer el trabajo.

Su pasión por el amor puede extenderse a su vida personal y romántica. Si tiene pareja, su preocupación será lo que ocurra en el trabajo más que lo que ocurra en casa. Cuando comparta algún tipo de conexión emocional con alguien, será en el trabajo. Esto podría dificultar la construcción de algo que dure toda la vida. Puede notar que se siente atraído por aquellos que tienen el destino número 1.

Su reto es asegurarse de que no le consume el materialismo. Esto es especialmente así si tiene un número de impulso del alma que indica que tiene un propósito mucho más amplio que cumplir aquí en esta encarnación. Debe darse cuenta de que la única razón por la que busca cosas materiales es porque cree que al conseguirlas será feliz. Sin embargo, con el tiempo suficiente, llegará a descubrir que la vida es mucho más que lo material, y que ir más allá de esto es donde reside su verdadera alegría.

Número de destino 5

El número 5 indica que hay desorden o caos en el horizonte. También significa que usted es bastante libre y abierto. Sin embargo, esta misma libertad puede ser bastante destructiva para sus planes y objetivos a largo plazo si no ejerce un mayor control sobre ella.

Los nacidos bajo el 5 se aventuran a hacer algo que dé sentido a su vida. Estas personas tienen un fuerte sistema de creencias y tienden a ser muy idealistas sobre cómo ven que debe ser el mundo. Su carácter solidario está formado por una perspectiva brillante y positiva que les hace ser excelentes para motivar a los demás a su alrededor o animarlos a hacer cosas.

La trayectoria vital de un número 5 está llena de aventuras. Suelen ser personas que viven el momento y que harán algo completamente nuevo o irán al extremo simplemente porque se aburren. Mientras se diviertan haciéndolo, no tendrán ningún problema en aventurarse o probar algo que pueda parecer absolutamente ridículo.

El reto para cualquier persona nacida bajo este número es mantener la cabeza fría antes de pasar a la acción. Tiene que asegurarse de que sabe exactamente cuál es el propósito de su vida aquí y ahora, y tiene que adherirse estrictamente a esta idea. Cuando se resiste a las voces de la razón, puede caer en problemas. Tiene que darse cuenta de que cuando corre riesgos innecesarios y toma decisiones precipitadas por aburrimiento, puede hacerse daño a sí mismo o a los demás. En realidad, no es culpa suya porque esto es lo que usted es y lo que está destinado a ser. La mejor manera de estar a la altura de su verdadero potencial es asegurarse de que un sabio mentor le guíe en su vida.

Número de destino 6

A las personas nacidas con el número de destino 6 les gusta tener el control, y por una buena razón. Este es el más agresivo de los números, y ello se debe a que representa la confrontación. Su reto con este número es asegurarse de no provocar a las mismas personas a las que quiere ayudar al intentar hacer algo en su vida que les resulte difícil de aceptar.

Definitivamente va a ser un líder cuando llegue el momento, y puede ser una influencia bastante beneficiosa para los demás por ello. Sin embargo, debe tener cuidado de no enredarse tanto en el poder porque, en poco tiempo, no sabrá cómo compartir con los demás e identificar quién necesita su ayuda.

Siempre es una buena idea tener en cuenta que usted tiene un número de tendencia del alma que le dice que está destinado a defender los asuntos más importantes de la actualidad. Si decide ignorar esto, lo más probable es que su vida no sea tan satisfactoria como podría haber sido de otro modo. Por ejemplo, si decide no ayudar a la gente porque no sigue sus ideales, solo se estará perjudicando a sí mismo. Su verdadero reto es encontrar un equilibrio entre ayudar a mucha gente y trabajar para cambiar el mundo a mejor por cualquier medio.

Número de destino 7

Las personas con el número de destino 7 están muy relacionadas con la familia y la tradición. Al igual que el 5, el 7 representa la idea del destino, lo que significa que es probable que usted tenga un fuerte legado que mantener, o al menos continuar. Su familia es muy importante para usted y valora su aportación. Si no son ellos, es su religión o su comunidad.

Las personas con el número de destino 7 son grandes padres porque creen en todo lo que los niños deciden hacer en sus vidas. Estará ahí para ellos en las buenas y en las malas, pase lo que pase, incluso si eso significa que tiene que sacrificar un poco de sí mismo al final del día. El número 7 es muy diferente y único porque representa que usted es a la vez un líder y también el solitario del grupo. Esto puede hacer que se sienta como si flotara entre dos mundos.

Usted tiene fuertes cualidades de liderazgo, pero al mismo tiempo se siente atraído por quienes se inclinan por una *estética más de libertad* en sus vidas. También le atraen las personas que tienen grandes ideas y poderosas creencias que les apasionan. Esto puede convertirle en una especie de idealista, y como alguien que quiere ayudar a los demás a encontrar un sentido a sus vidas o que quiere vivir su propio propósito, no encuentra ningún igual en este mundo.

Para usted, el reto que presenta este número es llevar a cabo las ideas tan fuertes que tiene. Puede ser difícil a veces, pero si se mantiene firme y encuentra la manera de que los demás le acompañen, al final puede valer la pena.

Número de destino 8

Las personas con el número de destino 8 tienen todo el poder del amor y, en cierto modo, esto puede ser un poco una maldición para ellos. Esto es especialmente cierto si tienen un lado aventurero que les gustaría realizar, como el 5 o el 6. Estas personas tienden a ser muy libres de espíritu en sus años de juventud, pero suelen empezar a volverse más serias a medida que envejecen.

Las personas bajo este número tienden a tomarse muy en serio sus relaciones, ya sean positivas o negativas. Su relación consigo mismo también es importante porque les ayuda a determinar cuánta fe tendrán en sus juicios personales a la hora de tomar decisiones a lo largo de la vida. Si tienen suerte, tendrán un gran equilibrio entre esto y serán capaces de tomar las decisiones correctas pase lo que pase.

El reto que se le presenta como número 8 es asegurarse de no dejar que sus relaciones con otras personas tengan un impacto tan grande en su vida. Tiene mucho poder en sus manos y no debe tomar una decisión equivocada simplemente porque afectará a las cosas con los demás. Debe mantenerse fiel a sí mismo y no dejar que los demás le dirijan en ninguna dirección, aunque esto signifique asumir algunos riesgos.

El número 8 representa un enfoque más espiritual en el que usted se centra en utilizar sus propios poderes y habilidades. También se centra en defender aquello en lo que cree y su propósito personal en la vida. Esto puede hacer que el mundo que le rodea le parezca extraño a veces porque no siempre está claro lo que significan las cosas o cómo podrían funcionar. Probablemente tenga una idea clara del tipo de cosas que busca, pero puede que aún no esté demasiado seguro de todos los detalles de su vida. En lugar de distraerse con las opiniones o los consejos de los demás, es mucho mejor que se centre en lo que le ayuda a crecer.

Capítulo 5: El número del deseo de su corazón

El número del deseo de su corazón también se conoce como el número del impulso de su alma, y es el número que le permite saber qué es lo que más desea en la vida. Para calcularlo, lo único que tiene que hacer es sumar todas las vocales de su nombre, presente o dado. Por ejemplo, digamos que su nombre es Jennifer Wallace. Sumaría los valores numéricos de las siguientes letras: E, I, E, A, A y E. Estas son las matemáticas

$1 + 5 + 1 + 1 + 5 = 13$

$1 + 3 = 4$

Por lo tanto, su impulso del alma o número del deseo del corazón es el 4. Echemos un vistazo al significado de cada número.

El deseo del corazón número 1

El 1 es el más personal de todos los números. Es el número de la sabiduría y el conocimiento. La persona con el número uno suele ser la más estudiosa o la más orientada a los negocios, y le encantan los conocimientos teóricos que pueden aplicarse a la resolución de problemas prácticos. El deseo del corazón de esta persona es la sed de conocimiento y comprensión. Su objetivo en la vida puede ser acumular tanta información como sea posible o tomar todo lo que saben y utilizarlo de forma creativa para alcanzar el éxito.

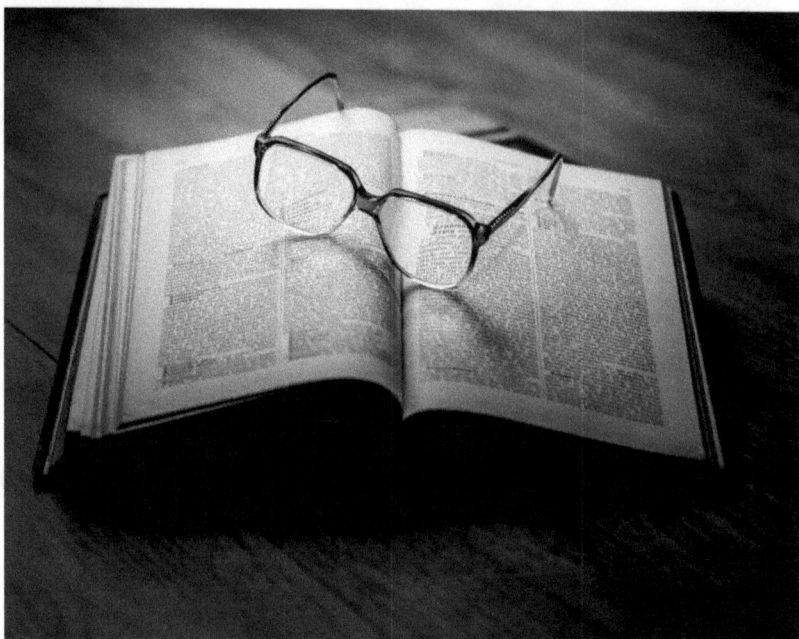

Se sabe que el deseo del corazón 1 es muy intelectual
https://pixabay.com/es/photos/vasos-libro-educaci%C3%B3n-los-anteojos-1052010/

Los nacidos bajo la influencia de este número son algunas de las personas más auténticas que conocerá, y también son ferozmente independientes. Nada le apetece más que tomar la iniciativa o ser el primero en explorar nuevos terrenos. Cuando trabaja con su número del deseo del corazón, es más bien ambicioso hasta el punto de querer mantener una correa apretada en todo y en todos, y puede ser todo un capataz, centrado singularmente en lo que haya decidido que es importante. No desea nada más que los logros y el éxito en la vida.

Es usted un asombroso triunfador, y puede ser una verdadera potencia cuando se propone algo. Es importante tener en cuenta que su número del deseo del corazón tenderá a hacer que los demás a su alrededor duden de sus propios sueños; utilice esta influencia con suavidad y cuidado. Usted sabe lo que su corazón desea y no se detendrá ante nada para tenerlo. Esto no siempre es lo mejor, ya que puede causar a otros en su vida una gran angustia. Si realmente se esfuerza por conseguir lo que quiere, entonces no perjudicará a otro para conseguirlo. A veces, el hecho de que otra persona no entienda lo que nos hace felices no significa que no merezca nuestro respeto.

El deseo del corazón número 2

El 2 es totalmente opuesto al número 1. Se ocupa de las relaciones y del trabajo en equipo. El 2 es altamente adaptable y muy personal. Este individuo es extremadamente sociable y siempre busca la forma de estar con los demás. Les encanta aprender de los que les rodean y no desean otra cosa que sentirse verdaderamente conectados con las personas que les rodean en todo momento. Como sus deseos se basan en las necesidades de los demás, deben centrarse en lo más importante de la vida: los demás. Si el deseo de su corazón es tener una relación exitosa o grandes conexiones con la comunidad, este número le ayudará a alcanzar esos objetivos al ayudarle a entender lo que hace que los demás se sientan bien.

La persona del número 2 suele ser un verdadero artista. Son muy expresivos y siempre encantadores. El deseo del corazón de esta persona es también ser admirada y adorada por los demás. Quieren saber que son amados y apreciados por quienes les rodean. Les encanta repartir luz y calor allá donde van, y su influencia es contagiosa. La gente tiende a ser muy aficionada a la segunda persona, probablemente porque su cálida sonrisa crea una fuerte vibración positiva que atrae a los demás de forma natural.

Quienes estén bajo la influencia de este número tendrán una capacidad natural para sacar lo mejor de la gente. Esta alma generosa y cariñosa nunca duda en hacer que se sienta bien consigo mismo, incluso si necesita un poco de reafirmación. Usted tiende a ser caritativo y gentil con su tiempo y dinero, valorando el amor y la seguridad por encima de las posesiones materiales. Puede inclinarse por ayudar a los necesitados, ya sean extraños o familiares. Tiene un gran corazón y siempre está interesado en escuchar lo que los demás tienen que decir; debe aprender a escuchar bien antes de hablar para no ofender a nadie sin querer. Es usted un pacificador natural y suele ver los dos lados de una discusión o situación.

El deseo del corazón número 3

Si tiene un deseo del corazón número 3, es usted un vendedor nato y tiene el don de la palabra. Es usted excelente para establecer contactos y redes, pero puede que se centre en eso en lugar de en sus propias necesidades. Sus mayores puntos fuertes son su inteligencia, carisma, visión artística e intuición. Tendrá que ser más realista con sus objetivos y no centrarse siempre en lo que los demás quieren de usted. No hay nada que le guste más que el trabajo en equipo y es importante para usted que se le permita expresarse, especialmente por escrito. Es un animador nato y siempre será el centro de atención.

Es usted imaginativo y disfruta persiguiendo objetivos que se basan únicamente en su imaginación y no en la realidad. A veces, esto puede hacer que descuide sus propias necesidades. El deseo del corazón de esta persona es una vida llena de aventuras, viajes y diversión. Esta persona es extremadamente creativa, ya que tiene tanto aptitudes artísticas como habilidad para los negocios. Es probable que tenga mucho éxito a la hora de conseguir que los demás se sumen a sus planes, ya que puede utilizar su carisma natural para salirse con la suya en todo tipo de situaciones. Esta alma generosa no dudará en ayudar a alguien que lo necesite.

El 3 tiene un talento natural cuando se trata de entablar una conversación. Tienen un don para atraer a los demás y hacer que se sientan lo suficientemente cómodos como para compartir sus pensamientos más profundos. Es la persona perfecta a la que acudir en un momento de crisis; están más que dispuestos a escuchar y a proporcionar el apoyo necesario. Tenga cuidado de no aprovecharse de su amabilidad natural, ya que a veces pueden ser bastante crédulos y pueden creer lo que oyen sin cuestionar su validez. Las personas nacidas bajo este número deben centrarse en manejar los problemas de frente en lugar de simplemente ignorarlos o dejarlos de lado con halagos o charlas triviales.

El deseo del corazón número 4

El número 4 es capaz de lograr grandes cosas. Tienen mucho potencial, por lo que a este número le encanta probar cosas nuevas y aprender más sobre su entorno. Si usted es el deseo del corazón número 4, es audaz y contundente con su punto de vista. Puede ser un poco demasiado directo a veces, pero lo compensará con su mente aguda y su capacidad de apoyo. A medida que se desarrollan, usted gravita hacia diferentes áreas de la vida y disfruta siendo metódico con la forma de abordar cada una de ellas.

Los números 4 son ambiciosos, trabajadores e inteligentes, lo que les ayuda a alcanzar un gran éxito en la carrera que han elegido. Son muy detallistas y organizados, pero a veces pueden tener problemas con su propia autoestima y confianza. Son trabajadores muy cualificados que ponen todo su empeño en conseguir sus objetivos. Esta persona es una idealista y una soñadora, lo que es a la vez una bendición y una maldición. Como no siempre miran los hechos con realismo, tienden a decepcionarse cuando las cosas no salen como las habían planeado. El número cuatro del deseo del corazón se centra en el arte, la excelencia en el trabajo y los logros en la vida.

Tiene tendencia a ser demasiado crítico consigo mismo, por lo que es posible que tenga que trabajar para aceptarse tal y como es. Las personas con este número tienden a ser perfeccionistas que se esfuerzan por alcanzar la excelencia en todo lo que hacen. Deben sonreír más a menudo; se trata de un alma cariñosa, y las cosas más pequeñas tienden a darles alegría. Son muy leales y dedicados, lo que los convierte en empleados valiosos. Un deseo del corazón de número 4 indica que esta persona prospera en situaciones en las que trabaja junto a otros hacia un objetivo común. Esta persona pretende ser pragmática en todos sus caminos, y a veces puede llevar el perfeccionismo al extremo. Si este es su caso, su máximo deseo es la estabilidad en la vida.

El deseo del corazón número 5

El 5 aporta el don del entusiasmo. Son almas bondadosas y compasivas a las que les encanta ayudar a los que les rodean. La gente tiende a tratarlos con respeto y admiración, ya que son fiables y honestos. Su entusiasmo puede ser contagioso y anima a los demás a dar lo mejor de sí mismos. Tiene talento para comunicarse con pasión y entusiasmo, lo que le convierte en un gran orador o escritor.

El deseo del corazón número 5 suele ser muy optimista respecto a su futuro, lo que le convierte en un excelente orador o preparador de oradores porque sabe exactamente qué decir en cada momento para captar la atención. Suelen ser muy creativos, aunque a veces sus ideas creativas pueden chocar con la realidad, sobre la que el ego tiene mucho poder a veces. Para decepción de muchos, no suelen aprender de sus errores y tienden a repetirlos (lo que no es del todo malo, ya que a menudo conduce a otra idea creativa). El deseo del corazón del 5 consiste en estar a gusto consigo mismo y con los demás.

Tiene mucho potencial; debe dedicar más tiempo a considerar cómo puede poner en práctica sus habilidades. El 5 indica que esta persona es más feliz en situaciones en las que trabaja junto a otros para conseguir un objetivo o una misión. Son fácilmente capaces de motivar a quienes les rodean, lo que les convierte en líderes de éxito en cualquier profesión. A esta alma generosa le encanta ayudar a los que le rodean, especialmente en tiempos de necesidad.

El deseo del corazón número 6

El 6 es una persona hogareña y se contenta con las cosas sencillas de la vida. Le gusta estar rodeado de gente, pero puede apegarse demasiado a los detalles de su entorno. Suelen ser muy relajados, lo que les permite mantener la calma incluso bajo presión. Estos 6 tienden a ser tímidos a la hora de compartir sus secretos, pero saben escuchar y siempre agradecen la oportunidad de ayudar a alguien que lo necesite. Es posible que tenga un profundo miedo a fracasar o a defraudar a los demás; es importante que afronte estos miedos de frente en lugar de evitarlos por completo.

El deseo del corazón número 6 suele ser muy cariñoso. Tienen un don para hacer que los demás se sientan especiales, y siempre buscan ayudar cuando pueden. El número 6 está muy anclado en la realidad, lo que les convierte en excelentes organizadores y planificadores. Suelen tener conocimientos en el campo de trabajo que han elegido, lo que les permite brillar de verdad. Son sinceros y honestos, lo que los ha llevado a ganarse el respeto de muchos con su capacidad natural para ayudar a los demás.

Suelen ser muy organizados y prácticos, lo que les hace ser excelentes delegando tareas a quienes les rodean. También son honestos y directos, lo que les facilita relacionarse con los demás en el ámbito profesional y personal. El deseo del corazón número 6 quiere ayudar a los demás a alcanzar sus sueños, proporcionándoles apoyo en todo lo que puedan.

El deseo del corazón Número 7

El número 7 es natural para las artes y las humanidades. Son individuos inteligentes y reflexivos a los que les encanta arriesgarse con su trabajo. Se trata de un alma muy filosófica que puede hablar durante horas sobre los diversos entresijos de la vida. Tienen mucha creatividad e ingenio, pero a veces pueden luchar con sus propias dudas y sentimientos de inadecuación. Suelen tener mucho más éxito cuando dejan que otros tomen la iniciativa en ocasiones, ya que pueden estar demasiado distraídos por sus propios pensamientos para prestar atención a lo que más importa.

El deseo del corazón número 7 suele ser muy afectuoso y encantador. Esta persona odia estar sola; dicho esto, debe mantener su mente errante bajo control porque a veces la aleja del momento presente en lugar de centrarse en lo que más importa en la vida. Suele ser muy optimista sobre el futuro, lo que le convierte en un excelente líder, pero solo si puede mantener sus pensamientos organizados.

Puede que la vida no sea perfecta, pero sigue siendo bastante buena para alguien con su número. El 7 indica que esta persona es más feliz en situaciones en las que trabaja en un proyecto creativo o filosófico junto a otras personas que comparten su interés por las artes y las humanidades. Se trata de un alma idealista que siempre busca nuevas aventuras y nuevos enfoques de la vida. Les encanta desafiarse a sí mismos, lo que les diferencia de muchos de sus compañeros. El deseo del corazón número 7 se nutre de la autoexpresión y se esfuerza por seguir sus pasiones.

El deseo del corazón número 8

Los número 8 suelen considerarse muy entusiastas y espontáneos, pero también necesitan tiempo a solas para recargar las pilas. Suelen ser muy capaces de tomar buenas decisiones por sí mismos, pero no siempre se toman el tiempo necesario para considerar el panorama general, porque tienden a enfrascarse en su propio mundo. El número 8 es muy intuitivo y empático, y son un excelente juez del carácter. Esta persona admira a los líderes fuertes y se esfuerza por ser ella misma el líder ideal.

El deseo del corazón número 8 tiene que ver con la paz interior. El número 8 es una excelente elección para los propietarios de negocios, los inversores o los empresarios. Son grandes líderes y tienen un enfoque muy lógico de la vida. Les encanta estar al mando, pero a menudo subestiman el valor del trabajo en equipo. El ego tiene mucho poder sobre esta persona, lo que puede hacer que se ponga a la defensiva en ocasiones. Por otro lado, son muy leales y se dedican a los que más quieren, lo que les convierte en una de las almas más cariñosas y generosas que pueda conocer.

El deseo del corazón número 8 suele ser muy sabio y maduro para su edad. Esta persona tan creativa entiende que no todas sus ideas funcionarán a la primera. Son únicos y pueden coger a la gente por sorpresa, lo que les convierte en un gran animador. El número 8 tiende a luchar cuando se trata de aceptar y admirar a los demás, por lo que debe aprender a tener más confianza en sus capacidades. El ego también puede hacer que esta persona sea demasiado sensible en ocasiones, lo que le lleva a tener celos o enfados innecesarios.

Cómo interpretar los números compuestos

Volvamos a nuestro ejemplo con el nombre de Jennifer Wallace. Tenemos el número compuesto 13 y el deseo del corazón número 4. ¿Cómo se combinan ambas interpretaciones? Remitámonos a lo que dijimos sobre la energía del número 13. El número compuesto representa el cambio a través de la destrucción que permite que le lleguen cosas nuevas y mejores si adopta una perspectiva positiva.

Mientras tanto, el impulso de su alma, el número 4, dice que usted es el tipo de persona práctica y realista. ¿Qué significa esto para usted? Significa que necesita encontrar algún tipo de equilibrio entre ser rígido y flexible. La cuestión es que el cambio es inevitable, y si se niega a ser flexible ante él, los vientos no solo le doblegarán, sino que le romperán, y eso le llevará al caos y la destrucción totales. Así pues, su trabajo consiste en aprender a dejar entrar lo nuevo sabiendo cuándo mantenerse firme. Debe aprender a mantenerse firme frente a cuándo dejar que lo divino se haga cargo y confiar en que la agitación que hace que todos sus planes se desmoronen le llevará a una hermosa conclusión. Así pues, practique con otros nombres y vea cómo puede integrar los significados e implicaciones de las combinaciones de los números compuestos y los números del deseo del corazón de aquellos que conoce y ama, y compruebe la precisión con la que interpreta sus cartas.

Capítulo 6: Su número de perfil de personalidad

Su número de perfil de personalidad, o simplemente número de personalidad, es un número formado por un solo dígito que resulta de todas las consonantes de su nombre de nacimiento o nombre asignado. Debe tener en cuenta todas las consonantes de su nombre, segundo nombre y apellido para que esto sea exacto. Este número le ayuda a darse cuenta exactamente del tipo de energía que está poniendo ahí fuera, y llegará a comprender por qué las cosas funcionan maravillosamente con algunas personas mientras que se desmoronan con otras. Junto con los demás números de su carta numerológica, este constituye una parte vital de los cimientos de su espíritu y de cómo piensa expresarse en este mundo.

Supongamos que su nombre completo es Jennifer Amethyst Wallace. Solo nos interesarían los valores de las siguientes letras: J, N, N, F, R, M, T, H, S, T, W, L, C. Aquí están las matemáticas:

$1 + 5 + 5 + 8 + 2 + 4 + 4 + 5 + 3 + 4 + 6 + 3 + 3 = 56$

$5 + 6 = 11$

$1 + 1 = 2$

Recuerde que, si obtiene una cifra doble, tiene que reducirla a una sola. Echemos un vistazo a los distintos números del perfil de personalidad y lo que significan. (Tenga en cuenta que no hemos incluido la Y en el cálculo porque, en este caso, sirve de vocal y no de consonante).

Número de personalidad 1

La personalidad 1 es ambiciosa pero centrada y se esfuerza por alcanzar lo que se propone sin concesiones. También están muy decididos a alcanzar sus objetivos y el éxito. Su orgullo puede ser fácilmente herido cuando son molestados por otros. El número 1 también tiene un talento natural para el liderazgo y para detectar el potencial de otros que se pasan por alto. Tienen un sentido inherente del deber de triunfar cuando sea necesario porque es para lo que fueron puestos en la Tierra. Suelen ser muy encantadores y tienen una presencia imponente en cualquier habitación. Son personas muy personales y tienen muchos amigos.

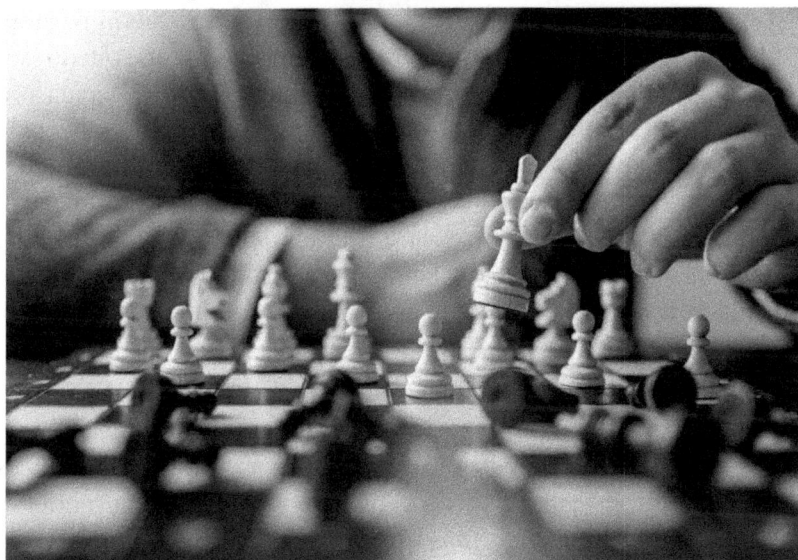

La personalidad 1 tiene potencial de liderazgo
https://pixabay.com/es/photos/ajedrez-juego-estrategia-3325010/

A los 1 les gusta tomar el mando y también defenderse cuando es necesario. Les encantan los retos y las aventuras, intentando ver hasta dónde pueden llegar con ellos. El número 1 también es muy creativo y le gusta "arreglar" las cosas que le rodean. Puede tratarse de algo pequeño que necesite ser arreglado o de un motor roto en el último modelo de su auto, lo que los entusiasma porque les gusta resolver los problemas a tiempo. Les gusta mantener a la gente adivinando, y si no pueden averiguar qué está pasando, señalarán con el dedo o culparán a otra persona.

Sin embargo, hay ocasiones en las que admiten que pueden no tener ni idea de cómo funciona algo y, por lo tanto, puede hacer que los demás se sientan incómodos a su alrededor porque todo el mundo sabe que, si alguien sabe lo que hay que hacer, deberían ser ellos. Les gusta dejar que las llamadas vengan a ellos en lugar de ponerse en contacto con alguien primero. Los 1 también son personas muy leales y se mantendrán firmes en una decisión durante mucho tiempo antes de cambiar de opinión sobre un asunto. Son fiables y dignos de confianza, por lo que muchas personas quieren trabajar con ellos como compañeros de vida. Los 1 también tienden a ser personas positivas y siempre desean lo mejor para los demás en cualquier situación que se presente.

Tampoco temen la confrontación si es necesario y siempre dirán la verdad a la gente, independientemente de cómo pueda ser recibida. La personalidad número 1 también es muy persuasiva. Tiene una forma elocuente con las palabras, incluso es capaz de salirse con la suya de situaciones que de otro modo podrían haber acabado en un desastre. El enfoque de tener éxito juega un papel importante en lo que hacen; les gusta ver el mejor resultado posible, lo que hace que su jornada laboral sea productiva en lugar de aburrida o monótona si tienen que realizar tareas repetitivas cada día.

El número 1 también es un experto en finanzas y puede ganar dinero rápidamente. También son extremadamente trabajadores y ponen todo el empeño necesario para realizar su trabajo. A veces los 1 pueden ser personas egocéntricas y necesitan aprender a preocuparse por los demás más que por ellos mismos. El dinero es importante porque los 1 sienten que es igual al éxito. A veces también se sienten solos o aislados de todos los que les rodean, y necesitan a alguien en su vida con quien compartir sus secretos.

Les gusta controlar muchas cosas en su vida, lo que puede dificultarles cuando están rodeados de otras personas que intentan influir en ellos de alguna manera. Las personas nacidas con este número de personalidad también quieren ser admiradas por los demás e intentarán realizar todas las tareas posibles que les permitan obtener la atención que necesitan y merecen. Al número 1 no les gusta el drama ni la confrontación, pero hay veces que pueden enfadarse rápidamente debido a su orgullo. Necesitan tanto la admiración que esto puede causarles algunos problemas si no la reciben con suficiente frecuencia.

Número de personalidad 2

La personalidad 2 es muy compasiva, cariñosa y amable con los demás. Tienen varias buenas cualidades, como ser dignos de confianza y ser siempre leales a su familia. Los 2 también son creativos, artísticos y saben inspirar a los demás con ideas ingeniosas para mejorar lo que hacen. Quizá los números 2 de la personalidad sean de los más adaptables del mundo. Se llevan bien con todo el mundo y no experimentan conflictos en ninguna relación, y pueden dejar de lado sus propias necesidades para ayudar a mejorar la situación de otra persona.

Los 2 también son muy divertidos, tienen un ingenio rápido y posiblemente cuenten los mejores chistes. Son detectives, capaces de ver algo que a otras personas se les escapa, y son un gran recurso cuando se trata de detectar algo malo o sospechoso. Dan consejos basados en la situación que han visto, y a todo el mundo le encanta escuchar lo que tienen que decir. A la gente también le encantan sus elogios, y los 2 suelen ser conocidos como personas alentadoras, solidarias, que se preocupan por las situaciones de los demás y que están dispuestas a dar buenos consejos.

El rasgo de ser un gran oyente también ayuda en este caso porque la mayoría de los 2 pueden seguir el ritmo de lo que se está hablando sin ningún problema. Son personas muy decididas y son excelentes líderes por su capacidad natural de compasión hacia los demás. Los 2 también pueden ser muy diplomáticos y siempre quieren obtener el mejor resultado posible con sus palabras y acciones. Están muy decididos a triunfar porque tienen la pasión y el impulso necesarios para hacerlo.

Los 2 a menudo ponen sus necesidades en segundo lugar para ayudar a otra persona, lo que puede ser un gran problema cuando la gente los ve como desinteresados debido a esto. A veces pueden no querer que la gente esté a su alrededor durante largos periodos de tiempo debido a su deseo de permanecer solos de vez en cuando. A menudo guardarán secretos a los demás porque sienten que nadie necesita saber lo mucho que se preocupan por las personas que les rodean.

A los 2 les gusta ayudar a los demás y lo hacen con entusiasmo, pero a veces su sentido de la compasión por los demás puede hacer que se sientan incómodos al tratar con las necesidades de otras personas. A este número de personalidad le toma mucho esfuerzo conseguir que los demás se sientan bien consigo mismos y con la forma en que están haciendo las cosas. Esto puede ser algo bueno porque los 2 son personas extremadamente leales y se quedan con sus amigos en las buenas y en las malas para asegurarse de que siempre tengan el mayor éxito posible.

Las personas nacidas con este número son muy creativas a la hora de encontrar nuevas formas de hacer las cosas o de mejorar lo que ya se hace a su alrededor. Les gusta ayudar a los demás con sus problemas, pero no a menos que se lo pidan. Las personalidades 2, cuando no están involucradas en ninguna sociedad, deben tener en cuenta a los demás, les encanta tener el control de todo en sus vidas y ser muy mandonas a veces. Esto puede hacerles parecer muy egocéntricos, pero en realidad es una parte de lo que son y de lo que les hace especiales.

Número de personalidad 3

La personalidad del número 3 son emprendedores natos, siempre quieren mejorar lo que ya existe. Pueden crear algo nuevo a partir de algo que existe desde hace tiempo (piense en Internet o en la rueda). Siempre querrán cambiar su vida, hacer las cosas de forma diferente y encontrar la manera de hacerlo. Pueden ser creativos y tener ideas originales, a menudo ven las posibilidades en todo, desde el más simple de los objetos hasta una conversación común.

Los 3 tienen mucha confianza en lo que se hace o se crea a su alrededor. La gente suele describir a los 3 como personas audaces o asertivas porque se les da muy bien conseguir lo que quieren de la vida sin ningún problema. Pueden tomar decisiones rápidas cuando es necesario y no siempre piensan en lo que otras personas podrían necesitar antes de decidir. Esto puede meterlos en problemas a veces porque los 3 pueden actuar sin pensar en todas las consecuencias que podrían derivarse de sus acciones.

Pueden persuadir a los demás y suelen ser conocidos como personas que disfrutan rodeándose de otros como ellos. Son buenos líderes, pero solo en grupos en los que pueden ser el centro de atención porque necesitan la aprobación de los demás para sentirse bien consigo mismos. La aprobación y la admiración de otras personas son extremadamente importantes para los números 3 de la personalidad, lo que a veces puede hacerles parecer que solo se preocupan por sí mismos.

Pero en realidad, esto no es cierto en absoluto porque los 3 se preocupan mucho por los demás y quieren estar ahí para ellos siempre que sea posible, pero solo quieren ser admirados por todos los que les rodean para poder sentirse bien consigo mismos también. Son personas muy creativas y les gusta poder expresarse de cualquier manera posible.

También les encanta estar rodeados de otras personas de las que pueden aprender mientras ayudan a otros con sus proyectos. Cuanta más admiración reciban de otras personas, mejor, y aquí es donde la personalidad número 3 realmente brilla. Están llenos de energía y les encanta estar rodeados de otras personas que parece que pueden seguir sin parar hasta conseguir lo que quieren. A los 3 les gusta ayudar a otras personas porque les hace sentirse bien consigo mismos. Suelen saber cómo crear un entorno positivo que inspire grandeza a quienes les rodean.

Los 3 son personas que suelen querer saber exactamente cómo se hacen las cosas. Introspectivos, quieren conocer sus propios puntos fuertes y débiles para tener éxito en lo que hagan a continuación. Nunca dirán a nadie que algo es imposible para ellos o que no pueden hacer que algo funcione porque ven las posibilidades dentro de todo lo que les rodea. La gente también tiende a decir que las personalidades 3 son muy extrovertidas, pero en realidad, son personas muy privadas.

Número de personalidad 4

Los 4 son extremadamente competitivos y ambiciosos, siempre quieren ser los mejores. Les encanta ser fuertes y tener poder sobre los demás, por lo que a veces pueden parecer muy dominantes o incluso duros. Su poder proviene de hacer que los demás quieran seguirles y hacer lo que ellos dicen debido a su personalidad número 4.

Las personalidades 4 suelen tener un deseo muy fuerte de poder en todo lo que hacen en la vida. Se dan cuenta de que la mejor manera de tener éxito es que los demás también quieran lo mejor para ellos, lo que a veces puede hacer que a la gente no le gusten los números de personalidad 4 porque parecen muy ensimismados.

Tienen un fuerte deseo de tener el control, pero solo son así porque sienten que necesitan controlar todo lo que pueden controlar en todo momento. Si una situación no sale como ellos esperan, una personalidad 4 suele alterarse mucho y puede volverse muy destructiva. Les gusta asegurarse de que las cosas están bien y han sido planeadas de antemano y a menudo perderán los nervios si las cosas no salen exactamente como ellos quieren.

Las personalidades 4 también tienden a estar muy centradas en el éxito material, lo que no siempre se debe a que quieran las cosas lujosas de la vida, sino a su necesidad de poder sobre los demás que les rodean. También les cuesta mucho compartir el control y a menudo les costará desprenderse del hecho de que tienen el control de una situación. Les gusta ayudar a los demás con sus problemas, pero solo si eso no significa que tengan que ceder el control de lo que sea que tengan actualmente a su cargo.

Las personas con este número de personalidad pueden ser vistas como insensibles o indiferentes porque tienden a tomar decisiones muy rápidamente y por lo general no piden la opinión de los demás cuando toman estas decisiones. Esto a veces puede perjudicar a la gente que les rodea, porque a las personalidades 4 les encanta apasionarse por lo que hacen, pero si alguien tiene una opinión contraria, un 4 no tardará en callarles.

Los 4 tienden a tener ideas fuertes y a menudo tienen dificultades con el cambio, especialmente si significa sacrificar su poder o las cosas por las que han trabajado. Trabajarán muy duro por lo que creen, lo que les hace parecer despiadados a algunas personas cuando se combina con su naturaleza increíblemente ambiciosa. Pero en realidad, los 4 tienen los mismos pies en la tierra que cualquier otra persona; simplemente están demasiado centrados en sí mismos para verlo.

Número de personalidad 5

A los 5 les encanta formar parte de un equipo; por ello, les gusta ayudar a los demás. Son muy ingeniosos y tienen un pequeño problema para poder quedarse quietos, lo que a veces puede llevarlos a procrastinar los proyectos. Pueden ver las cosas desde todos los aspectos de la vida, lo que les hace parecer que nunca están concentrados en una sola cosa el tiempo suficiente.

Cuando los 5 se esfuerzan por centrarse en una sola cosa a la vez es cuando tienen más éxito y pueden considerarse los más fuertes en cualquier cosa que elijan hacer en la vida. Les encanta encontrar nuevas formas de hacer las cosas y no les importa realmente si algo los lleva un poco más de tiempo del que habían planeado originalmente porque disfrutan viendo cómo las cosas crecen con el tiempo en lugar de apresurarse a hacer todo sin detenerse por nada.

A los 5 les encanta ayudar a los demás y dar consejos a los que les rodean. Siempre tienden a ver las cosas desde un punto de vista diferente y, por ello, les cuesta concentrarse en una sola cosa durante un largo periodo de tiempo. Les encanta ayudar a los demás que parecen necesitar la ayuda y lo más probable es que no digan que algo es imposible de lograr para ellos. Una persona 5 tampoco dirá nunca que alguien se equivoca o se equivoca sin más porque cree en el hecho de que cada persona es diferente, con sus propias fortalezas y debilidades a su alrededor.

A una personalidad 5 no le gusta que otra persona intente controlar lo que hace o que no escuche sus ideas sobre cómo debe hacerse algo. Les encanta que les den libertad para desarrollar sus propias soluciones e ideas y no les gusta que les digan que no pueden conseguir algo porque siempre demostrarán que la gente está equivocada.

Al de la personalidad número 5 no le gusta equivocarse o reconocer que se ha equivocado en algo. Una persona con este número de personalidad necesita aprender a ser más flexible porque las personalidades 5 a veces tienen problemas con esto, especialmente si significa salir de su zona de confort. No les gusta ver cómo se rompen las reglas o las leyes, lo que a veces les hace parecer muy estirados o estrictos.

Los 5 siempre están buscando cosas nuevas que aprender y lugares a los que ir, lo que hace que sean muy buenos para ver las cosas desde muchos ángulos diferentes. El número 5 de la personalidad también es muy reservado, aunque necesitan personas en las que puedan confiar a su alrededor. A menudo se puede contar con su consejo en casi cualquier situación.

Número de personalidad 6

Los números de personalidad 6 son personas a las que les gusta divertirse, a veces más que cualquier otra cosa en el mundo. Tienen muchos amigos y son muy devotos de las causas en las que creen. Les encanta ayudar a los demás siempre que pueden, pero a menudo sienten que no se les aprecia por su duro trabajo.

Los 6 necesitan una gran cantidad de amigos y les gusta tener un millón de cosas diferentes a su alrededor en todo momento. Les encanta ver hasta dónde pueden llegar sus límites y harán todo lo posible para que los demás sean felices antes de pensar en ellos mismos. Los 6 son muy decididos y les gusta hacer las cosas que creen que pueden lograr mejor. Tienen una voluntad increíblemente fuerte y nunca se detendrán en medio de un proyecto, aunque a veces sea necesario hacerlo.

A las personalidades 6 les encanta la aventura, pero no cuando es a su costa. Rara vez están dispuestos a defenderse a sí mismos, sino que tienden a defender a otras personas que siempre se equivocan o que se merecen lo que les pasa por su comportamiento. Una personalidad 6 no suele ser feliz a menos que esté ocupada haciendo algo. Les encanta estar rodeados de otras personas a las que les gusta hacer las mismas cosas que a ellos y renunciarán gustosamente a su tiempo para asegurarse de que los demás se lo pasan bien.

Los 6 son muy sensibles y les cuesta lidiar con la confrontación; tienden a evitar las discusiones a toda costa. Tienen un gran sentido del humor y les encanta contar chistes que hagan reír a la gente. A las personalidades 6 no les gustan los conflictos, pero a menudo pueden considerarse demasiado pasivos si no se defienden más en la vida. Son personas responsables que siempre terminan lo que empiezan y a veces tienden a comprometer demasiado sus recursos con otras personas que no pueden valerse por sí mismas. A los 6 les cuesta decir que no a las personas que les piden ayuda y tienden a dejarse llevar por sus emociones en ocasiones. Suelen aprovechar oportunidades que no necesitan y a veces ni siquiera se plantean cosas así porque no pueden ver más allá del momento en el que se encuentran.

Número de personalidad 7

Las personalidades 7 tienden a pensar las cosas y a veces a considerarlas más que otras. Son personas muy espirituales y les encanta encontrar formas de mejorar. Les encanta encontrar las respuestas a cualquier pregunta que alguien pueda tener, por lo que destacan en la investigación.

Las personas con el número 7 de la personalidad tienden a ser más románticas que la mayoría de la gente porque ven la vida como algo hermoso, con tantas oportunidades para todos. Tratan de mantenerse alejados de todo lo que ven como negativo en sus vidas, aunque esto a veces puede llevarlos a tener problemas porque puede hacer que ignoren un problema hasta que sea demasiado tarde o hasta que se haya convertido en algo más grande de lo necesario.

A las personas 7 no les gusta correr riesgos, pero están más que dispuestas a probar nuevas oportunidades cuando se sienten lo suficientemente seguras. Son personas muy sociales y apasionadas a las que les encanta ayudar a los demás en la medida de lo posible. Siempre intentan ser abiertos sobre sus propios problemas y, aunque no quieren que los demás se quejen de ellos, a menudo compartirán sus problemas con sus seres queridos porque saben que siempre habrá alguien que les apoye.

Una personalidad 7 suele ser muy sensata con sus elecciones en la vida y siempre ve las cosas de una manera diferente a todos los que le rodean. Tienden a pensar en sus decisiones antes de actuar y siempre consideran cómo les afectarán las consecuencias al final. No son personas muy espontáneas y prefieren planificar todo de antemano para saber cuáles son sus opciones en todo momento.

Los 7 son muy buenos dando consejos sobre casi cualquier situación, pero a veces les cuesta aceptarlos ellos mismos porque tienden a ser testarudos. Se preocupan por todas las personas con las que entran en contacto, aunque sea un poco, lo que les convierte en individuos extremadamente leales. Les encanta ayudar a los demás siempre que pueden sin esperar nada a cambio y lo más probable es que siempre estén ahí para alguien sin importar lo que ocurra en sus vidas. También son muy apasionados en su vida personal y suelen tener dificultades para separar sus emociones.

Número de personalidad 8

Los 8 son personas muy tranquilas y tímidas a las que no les gusta ser el centro de atención. Les encanta, la mayoría de las veces, simplemente sentarse y disfrutar de la compañía de los demás, por eso son tan buenos para tener relaciones duraderas. Tienden a guardarse sus problemas para sí mismos en lugar de confiar en los demás para no tener a nadie más cerca cuando más necesitan a alguien. Son muy protectores con los que les rodean y vigilan a todos en todo momento. Los 8 son también personas extremadamente leales que se mantendrán junto a la persona que les importa sin importar lo que ocurra en la vida. Son individuos muy centrados que tienden a ser autosuficientes.

A los 8 no les gusta depender de los demás y harán todo lo posible por evitar ser así, aunque a veces les resulte inevitable. Son personas muy optimistas que tienen un buen sentido del humor y a menudo se les puede ver riendo cuando no ocurre nada más a su alrededor. Son muy trabajadores y nunca se detienen hasta conseguir su objetivo, aunque eso signifique que tengan que esforzarse más que los demás. A las personalidades 8 les encanta estar con alguien que comparta las mismas creencias que ellos y que trabaje en lo que sea que hagan juntos tanto como puedan.

Las personalidades 8 son muy buenas con el dinero y son las mejores cuando se trata de ahorrar sus fondos. Tienden a ser más precavidos que la mayoría de las personas porque suelen analizar en exceso cada pequeño detalle de una situación antes de actuar. Les resulta casi imposible tomar decisiones precipitadas, por lo que tienden a pensar demasiado en todo lo que ocurre en sus vidas.

Las personas con este número de personalidad siempre tratan de ser honestas en todo lo que les rodea y no darán fácilmente su confianza a alguien a menos que realmente crean que se puede confiar en esa persona. Son individuos muy motivados y a menudo pueden ser vistos como obstinados porque tienden a ser muy independientes cuando están cerca de algo que realmente quieren. Les cuesta confiar en la gente y a menudo les resulta difícil dejar de lado sus decisiones pasadas.

Capítulo 7: Su número de fecha de nacimiento

Su número de fecha de nacimiento también se conoce como su número de nacimiento, y se calcula simplemente sumando todos los dígitos que lo componen. Por tanto, si nació el 2 de septiembre, su número de nacimiento sería el 2. Sin embargo, si nació el 14 de septiembre, su número de nacimiento sería el 5, que es la suma del 1 y el 4. Su número de nacimiento es importante porque es el número que muestra todo lo que es único en usted. Sin más preámbulos, entremos en cada uno de ellos.

Número de nacimiento 1

Un individuo nacido con el número de nacimiento 1 es naturalmente seguro de sí mismo, pero se puede suponer que no es especialmente hábil para enfrentarse a los retos. Esto puede deberse a su creencia innata de que todos los retos pueden resolverse fácilmente con su inteligencia. Es posible que alguien con este número de nacimiento haya tenido dificultades para aceptar y aprender de los errores del pasado, lo que podría obstaculizarle en futuros esfuerzos, pero nunca por demasiado tiempo, ya que no abandonará hasta haber superado los obstáculos en su camino. Sin embargo, el riesgo de que se produzcan resultados significativamente malos es mínimo dada la naturaleza optimista del individuo. Además, estos individuos tienden a trabajar duro para conseguir sus objetivos porque no se rinden fácilmente; no hay reto demasiado grande para que lo superen.

El 1 es un líder y un iniciador. Este 1 puede inspirar a los que le rodean y hacer que la gente marche al unísono por una causa común. Su objetivo es asegurarse de que cada parte del equipo haga contribuciones sólidas que ayuden a la consecución global de su propuesta de valor. Los 1 suelen ser positivos y optimistas, pero también obstinados cuando se trata de mantener su idea inicial, aunque no cuente con la aprobación de los demás o parezca ineficiente a primera vista.

El número 1 representa el yo, que habla de sus propias ambiciones y deseos. Con el número 1, las personas son seres muy perspicaces y saben lo que es necesario para su éxito. También tienden a ser obstinados y a tomar decisiones basadas en sus necesidades personales más que en lo que puedan querer los demás. No están orientados a las personas, prefieren centrarse primero en sus necesidades individuales antes de prestar atención a los que les rodean. El éxito personal es primordial para ellos, por lo que tendrán intereses muy variados que pueden incluir los negocios, el arte o las ciencias.

Número de nacimiento 2

Los individuos con número de nacimiento 2 tienen un fuerte deseo de ser queridos y aceptados. Sin embargo, como tienden a exagerar, puede que no siempre tomen las mejores decisiones para ser bien vistos. Quieren mantener contentos a sus amigos y familiares excediéndose en sus esfuerzos y poniéndose en situaciones innecesariamente peligrosas. Esto puede conducir a resultados dramáticos cuando no pueden evitar asumir más de lo que pueden manejar. Suelen disfrutar de actividades creativas como la escritura o la música, ya que les permiten expresarse libremente sin ser juzgados por los demás.

Al número de nacimiento 2 le gusta ser aceptado
https://pixabay.com/es/photos/gente-mujeres-hablando-re%C3%ADr-2567915/

Suelen tener un fuerte vínculo social y disfrutan con sus amigos, pero saben cuándo dejar de pasar tiempo con ellos para cuidarse a sí mismos. Son personas muy leales y permanecerán junto a sus amigos hasta el final. Son individuos francos y también pueden ser bastante persuasivos. Supongamos que una persona con este número no ha aprendido a evolucionar y a equilibrar sus energías. En ese caso, a menudo pueden volverse manipuladores y controladores, pero esto solo hace más daño que bien a sus relaciones.

¿Cómo es el número de nacimiento 2 en el amor? Están muy unidos a sus parejas y se entregarán por completo a ellas. Aun así, también pueden excederse y volverse demasiado controladores. Esto es un obstáculo común para formar relaciones sanas. Las personas 2 que no conocen nada mejor tienden a anteponer a los demás antes que a sí mismas y culparán a sus parejas de sus errores si eso significa mantener intacta una relación de confianza. Creen que abrirse emocionalmente es necesario para ser felices y compartir sus emociones con su pareja. Aun así, cuando sienten que no se les aprecia, se cierran de golpe y pueden cortar con la gente. Esto suele ser muy confuso para los demás, que han llegado a dar por sentado el amor y el apoyo de este número.

Número de nacimiento 3

Un individuo con un número de nacimiento 3 es una persona inspiradora y enérgica que puede suscitar emociones apasionadas en los demás. Si un 3 no motiva e inspira a los que le rodean, le resultará difícil conseguir algo. El hecho de que este número represente la mente revela que el individuo es entusiasta de sus pensamientos y siempre tiene una opinión que compartir, aunque no siempre esté muy apoyada por las pruebas. Estas personas realizan su mejor trabajo en grupo, ya que prosperan cuando otras personas están presentes para escuchar lo que tienen que decir y responder en consecuencia. Están deseando compartir ideas creativas con los demás porque tener una aportación positiva les ayuda a desarrollar soluciones aún mejores.

Estos individuos no solo son grandes conversadores, sino que también tienen facilidad para escribir y actuar, lo que suelen hacer como forma de expresarse. Las personas con el número 3 suelen trabajar en el teatro o en campos artísticos, pero no tienen en cuenta cómo perciben los demás su trabajo y por ello pueden parecer insensibles. El número 3 es temperamental y testarudo, por lo que se desbocarán si se les presiona demasiado.

El 3 representa la autoexpresión de las emociones, lo que nos indica que estos individuos pueden ser sensibles pero propensos a exagerar en ocasiones. Tienden a estar bastante apegados a quienes les rodean, pero este apego puede hacerles dependientes de los demás y disminuir su capacidad para mantener un estilo de vida independiente. El 3 es el número de la imaginación y la originalidad. El potencial de los 3 es ilimitado, y son capaces de alcanzar el éxito en cualquier empresa que elijan. Son muy trabajadores y su actitud de poder hacer las cosas los lleva al éxito tanto profesional como personal. Parece que el vaso está siempre medio lleno cuando se es un 3, porque siempre encontrarán algo positivo que decir incluso en una situación que parezca completamente negativa en la superficie. Su optimismo natural es lo que les hace llegar tan lejos. Sin embargo, como todos los demás números, algunas incoherencias en sus vidas pueden frenar su progreso o detenerlo por completo.

También simbolizan la expresión de la energía, que es algo que las personas 3 necesitan aprender a hacer más a menudo para liberar el estrés del trabajo. Si una persona 3 no practica la meditación ni libera sus emociones, puede llegar a desequilibrarse bastante y puede incluso empezar a desarrollar intensos dolores de cabeza o una sensación constante de agotamiento. A veces esto puede ser el resultado del estrés en general, pero si el individuo nunca practica el autocuidado, podría derivar en algo mucho peor.

Las personas 3 siempre están buscando nuevas experiencias y tienden a ser muy filosóficas sobre la vida. A veces pueden asumir más de lo que pueden manejar para ser productivos, pero mientras no lo conviertan en un hábito, no es un problema tan grande. Los 3 son individuos muy apasionados y pondrán toda su energía en lo que hagan, ya sea en el trabajo o en las relaciones. Disfrutan complaciendo a sus parejas y están ansiosos por establecer vínculos con los demás.

Número de nacimiento 4

El 4 es el número de la seguridad física y representa el mundo material. Puede parecer que un número 4 lo tiene todo controlado, pero a menudo no es así. Siempre hay algo nuevo a la vuelta de la esquina para una persona 4, lo que les hace sentir que no hay ninguna estabilidad real en sus vidas. Son muy emocionales, tanto en el buen como en el mal sentido de la palabra. El 4 es un número que suelen tener las personas con una voluntad fuerte, por lo que no suelen ser pusilánimes. Están predispuestos a progresar y a encontrar la manera de adaptarse fácilmente a lo que se les presente para desarrollar rápidamente sus habilidades.

Las personas 4 tienen naturalmente talentos además de su intelecto. Sin embargo, a veces no se dan cuenta de estos talentos a tiempo porque les falta confianza en sí mismos y concentración. El 4 es bastante impaciente e impulsivo y suele emprender proyectos que otros evitan por miedo a fracasar, lo que puede llevarlos por algunos caminos oscuros que les alejarán del camino correcto si fracasan. En su mayoría están orientados a los objetivos y pueden mantenerse centrados en lo que intentan conseguir, pero tienen que aprender a encontrar un equilibrio entre sus otros intereses y su trabajo.

El 4 es el número del trabajo, lo que significa que las personas del 4 tienden a ser competitivas por naturaleza. Siempre quieren estar avanzando o dando los siguientes pasos hacia arriba y se pondrán ansiosos si no pueden conseguir nada. Como un número 4 intenta equilibrar sus deseos con el mundo material, a menudo establecen relaciones para sentirse seguros, lo que puede pasarles factura con el tiempo.

Número de nacimiento 5

El 5 representa la mente y lo interno, por lo que tendemos a pensar que las personas 5 son muy inteligentes e intelectuales. El número 5 es un número equilibrado con el que todo el mundo puede relacionarse, y no es de extrañar que este número haya ganado tantos adeptos a lo largo de la historia. El 5 tiene un doble significado porque la primera mitad simboliza la seguridad física mientras que la segunda se refiere a la seguridad mental. Las personas del 5 tienen abundancia de ideas y agudeza mental, pero esto puede ser su perdición cuando empiezan a confundir la originalidad con el derecho a ser irrespetuoso con los demás.

Son muy leales a las relaciones y siempre tratarán de complacer a los demás. Las personas 5 suelen ser muy empáticas, pero pueden ser reacias a abrirse emocionalmente porque no quieren revelar sus sentimientos por miedo a ser juzgadas. Esto es un signo de que esperan el amor de los demás, pero temen la vulnerabilidad, por lo que se contienen a la hora de dejar que la gente se acerque para evitar que les hagan daño. Las personas 5 necesitan encontrar a otras personas que comprendan su falta de confianza para ayudarles a abrirse, en lugar de obligarles a defenderse.

El 5 es el número de las oportunidades y representa lo inesperado, por lo que a menudo encontramos a las personas 5 siendo muy espontáneas. Tienen mucha energía, pero no saben cómo utilizarla eficazmente, por lo que a veces pueden ser bastante dispersas. Las personas con este número también tienen una gran imaginación y suelen disfrutar ampliando sus horizontes descubriendo diferentes puntos de vista sobre cuestiones que afectan a la sociedad en su conjunto. Por otro lado, las personas del 5 suelen tener miedo al fracaso y pueden sentirse profundamente inseguras si sienten que han defraudado a los demás de alguna manera.

Bendecidas con la energía del 5, muchas personas con este número se convierten en escritores y filósofos porque pueden pensar con la suficiente rapidez para poner en palabras ideas complejas que muchos otros nunca podrían entender. Cuando deciden seguir una carrera, es evidente que son lo suficientemente inteligentes como para influir en la sociedad de alguna manera. Sería beneficioso para las personas 5 encontrar formas de relajarse más a menudo porque sus mentes tienden a divagar cuando se les deja solos durante demasiado tiempo, lo que puede alejarles de la verdad.

Número de nacimiento 6

El 6 es el número de la educación y representa lo que aprendemos globalmente. Las personas con el 6 como número de nacimiento son muy compasivas, pero también tienden a ser malhumoradas porque a menudo se sienten incomprendidas. El hecho de que sean amables con los demás puede llevar a la gente a aprovecharse de ellos o a tratar de utilizarlos como tapete cuando las cosas no les van bien, pero si esto ocurre suficientes veces, las personas 6 pueden volverse muy cínicas y desarrollar problemas de confianza.

Las personas 6 necesitan recordar que no hay nada malo en ser confiado, especialmente cuando se trata de otros seres humanos. A veces pueden ser un poco tímidas a la hora de expresar sus sentimientos, pero son apasionadas y honestas cuando lo hacen. Tienden a ser muy cariñosos con los demás y centran su energía en las personas de su vida, lo que les hace sentirse muy necesitados. El 6 es el número de la resistencia, y esto significa que las personas del 6 tienen una increíble fuerza de voluntad y seguirán luchando por lo que creen sin importar la oposición que se les presente.

Las personas 6 tienen muchos rasgos buenos, pero también algunos malos. Por un lado, son muy inteligentes y comprenden que todo tiene un punto final, por lo que intentan tomar el control de las situaciones o evitar por completo los problemas pensando antes de actuar o escuchando antes de hablar. Por otro lado, las personas 6 pueden ser un poco controladoras y prepotentes porque temen perder cosas importantes. También les gusta microgestionar a los demás, pero esto puede hacerles parecer obstinados si se niegan a escuchar las opiniones de los demás.

El 6 es el número de los servicios, por lo que las personas de 6 están muy dispuestas a devolver algo a sus comunidades. Suelen ser muy generosos con su tiempo y su dinero, lo que les convierte en grandes amigos y familiares. Las personas 6 dedican mucho tiempo a pensar en todo lo que hacen o a prepararse para algo que se avecina. También aceptan muy bien todo lo que ocurre y creen que siempre hay una forma positiva de ver las cosas. Algunas personas se cansan de esperar a que las personas 6 pasen a la acción, lo que puede llevarlos a lugares a los que no quieren ir.

Número de nacimiento 7

El 7 representa el pasado y el futuro, por lo que la mayoría de las personas con el número 7 como número de nacimiento tienen muchas ideas sobre lo que podría ocurrir en el futuro y a menudo sueñan con ello. Suelen ser extremadamente creativos e intelectuales, y muchos tienen talentos que les permiten meterse en la cabeza de otras personas para ver las cosas desde su punto de vista. Esto puede hacerles bastante empáticos, lo que puede ser bueno o malo según cómo utilicen ese poder.

El número 7 es el buscador del conocimiento, y muchas personas con este número pasarán toda su vida intentando descubrir quiénes son por dentro y qué les hace funcionar. Hay momentos en los que las personas con el número 7 pueden empezar a cuestionarse a sí mismas porque no siempre entienden por qué reaccionan a ciertas cosas de una manera determinada. Esta pequeña inseguridad puede hacer que piensen demasiado en todo lo que les rodea y que se cuestionen por qué los demás se comportan como lo hacen.

El 7 es el número de la perspicacia, por lo que las personas del 7 comprenden mejor las cosas antes de que sucedan. Son buscadores de conocimiento y comprenden que vivimos en un mundo muy complicado en el que no hay respuestas fáciles. Creen que la única manera de avanzar es si nos permitimos tener fe y confiar los unos en los otros para poder encontrar las respuestas juntos. Esto no es un retroceso, sino una forma de que ocurran cosas positivas.

En el lado negativo, las personas 7 pueden ser bastante indecisas a veces porque a menudo tienen tantas ideas rondando por su mente a la vez que les resulta difícil centrarse en una sola cosa. También pueden sentir que su mundo se ha vuelto loco porque todo se mueve demasiado rápido para que puedan seguir el ritmo. Si pueden encontrar una manera de relajarse y tomarse el tiempo para disfrutar más de la vida, serán mucho más felices que si se pasan el día pensando demasiado.

Número de nacimiento 8

El 8 es el número de la prosperidad, por lo que a algunas personas con este número les llegará mucho dinero en algún momento de su vida. A las personas con el 8 como número de nacimiento a menudo les va bien en cosas como los negocios o la política porque entienden lo que ocurre a su alrededor. Tienen una comprensión profunda que proviene de la experiencia de la vida y han aprendido que nada es realmente cierto a menos que uno lo haga. Las personas con el 8 como número de nacimiento también tienen un arraigado sentido de la fe que les ayuda a mantenerse con los pies en la tierra cuando todo parece caer a su alrededor.

Algunas personas con el 8 como número de nacimiento pueden ser excesivamente ambiciosas porque desean desesperadamente sacar el máximo partido a la vida. Esto es realmente algo bueno cuando deciden utilizarlo de forma positiva y ayudar a los demás, pero a veces puede llegar al extremo y hacer que parezca que se preocupan más por ellos mismos que por los demás. El 8 es el número de la ambición, por lo que, si alguien con este número tiene demasiado, puede haber momentos en los que anteponga sus propias necesidades a las de los demás.

Las personas con el 8 como número de nacimiento están dispuestas a asumir riesgos y entienden que algún día tendrán que perder para ganar. No les importa el trabajo duro porque saben que forma parte de la vida, y disfrutan teniendo objetivos y una fuerte ética de trabajo. Tienen una moral muy elevada, lo que hace que se apasionen por las causas que apoyan. Si alguien con este número le dice que algo es importante, lo cree completamente, aunque otros no lo hagan.

En el lado negativo, las personas con el 8 como número de nacimiento pueden dejarse llevar por sus ideas y tomar decisiones basadas en el miedo más que en la lógica o los hechos. Su rapidez en la toma de decisiones y el hecho de que no les importe realmente lo que la gente piense o diga puede llevarles a menudo a tomar malas decisiones de las que se arrepientan más tarde. Si pueden aprender a ir más despacio y tomarse el tiempo necesario para evaluarlo todo, serán mucho más felices.

Capítulo 8: Construir una carta numerológica

Realmente no hay mejor manera de saber quién es usted realmente y por qué está aquí que trabajando con su carta numerológica. En este capítulo, obtendrá toda la información que necesita para entender cómo funcionan estas cartas y cómo puede crear la suya propia para tener un mapa claro de su vida al que remitirse siempre que sienta miedo o se sienta perdido o necesite algo de tranquilidad. No es un proceso excesivamente complicado en absoluto.

¿Qué es una carta, de todos modos?

Mientras que en la numerología caldea se trata de comprender el significado subyacente de cada número, tanto principal como compuesto, la carta es básicamente un resumen de todo lo que tiene que ver con cada número relacionado con quién es usted realmente. A juzgar por toda la información que ha recibido en los capítulos anteriores, puede decir que el nivel de detalle de estas cartas no es para tomárselo a broma. Pero es realmente fácil poner los significados de estos números uno al lado del otro y luego dar una explicación a lo que le ocurre, como hicimos en un capítulo anterior.

Requisitos de su carta natal

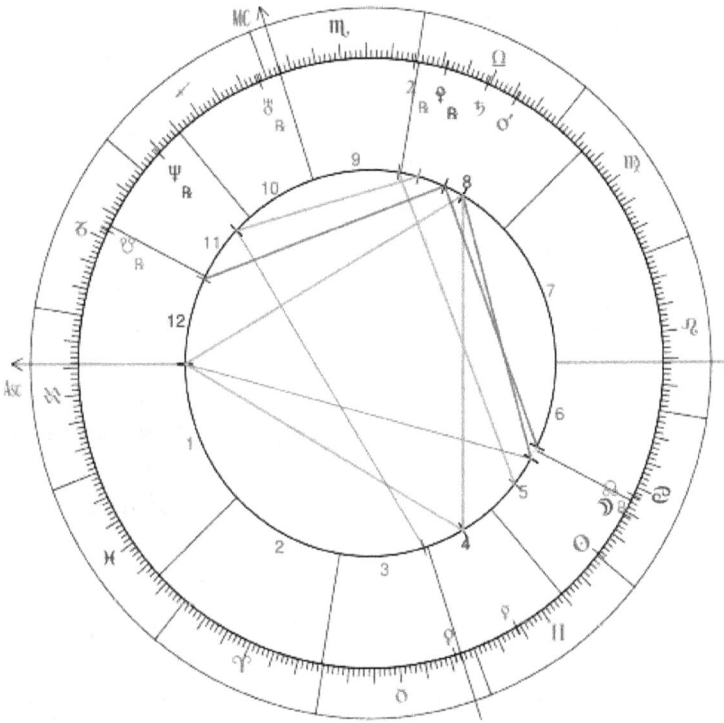

Carta Natal

Antes que nada, necesitará un procesador de textos o un bolígrafo y un papel. Los utilizará para elaborar los cálculos de todos los elementos relevantes de su carta. Esto incluirá:

- Su número de nacimiento
- Su número de destino
- Su número de personalidad
- El número del deseo de su corazón o del impulso de su alma

Ya hemos repasado cómo calcularlos y qué significa cada número dentro de cada marco.

Beneficios de obtener su carta numerológica

¿Cuáles son los beneficios de hacerse una carta numerológica? Es hora de averiguarlo. La numerología es una ciencia antigua que estudia cómo los números afectan a nuestras vidas. En la numerología, cada número tiene un significado y un símbolo asociado, que están interconectados. Estas asociaciones dan lugar a ciertos rasgos de la personalidad u ofrecen una visión de los acontecimientos de su vida.

Como la numerología predice los acontecimientos basándose únicamente en su nombre y en la fecha y hora de su nacimiento, puede responder a las preguntas que pueda tener sobre su futuro y ayudarle a tomar decisiones importantes en la vida que le conduzcan a la felicidad. Puede ayudarle a comprenderse mejor a sí mismo y a las personas de su vida. También puede mostrarle cómo trabajar en las relaciones, evitar los malos hábitos, hacer cambios en su carrera o convertirse en la mejor versión de sí mismo. Una carta de numerología caldea puede ser para usted si busca el significado de los números y una mejor comprensión de su lugar en la vida.

El proceso de interpretación de las cartas puede realizarse con varios métodos específicos para encontrar los significados de los números. Hay muchos métodos y técnicas diferentes que utilizan los numerólogos.

Análisis de símbolos: En este método de numerología, se dan símbolos a los números en función de sus características. El símbolo del número suele representar un concepto o cualidad importante sobre el número. Por ejemplo, si su cumpleaños es el 11 de julio, tendrá el número 2 como símbolo (1 + 1 = 2).

Interacción de números: En este método, se comparan y analizan los números que componen la carta de un individuo. El objetivo es identificar una relación entre cada número y los demás números de la carta. Las relaciones pueden ser positivas o negativas o una combinación de ambas.

Ciclo anual: La jerarquía de los números varía de un año a otro. Esto se debe a que cada año tiene sus propias energías numéricas. Por ejemplo, el 5 se considera afortunado de 1986 a 1995, pero desafortunado de 1996 a 2005, y viceversa para los años posteriores a 2005 (hasta 2026). Por ello, debe tener precaución al interpretar su carta para los años que tienen más de seis años de diferencia (por ejemplo, debe tener precaución al interpretar su carta si su cumpleaños es 1990 o 1982). Este método también puede utilizarse para identificar periodos buenos o malos en la vida de un individuo o en la historia de su familia debido a la actuación de un número durante un año concreto.

Cálculo: El siguiente método de interpretación de una carta consiste en sumar todos los números de la fecha de nacimiento del individuo (excluyendo el mes y el día) y el año de nacimiento. A continuación, se comparan estos dos números con las características correspondientes a la suma numérica. El proceso matemático real puede determinarse introduciendo la fecha de nacimiento, el año y los números que componen su nombre en una calculadora de numerología, muchas de las cuales puede encontrar en Internet de forma gratuita. Si lo prefiere, también puede calcular las respuestas manualmente.

Trabajar con su nombre

Comencemos con el nombre de nacimiento o nombre de pila. Recuerde que, a diferencia de la numerología pitagórica, usted tiene la libertad de utilizar el nombre que desee. Esto es algo bueno porque si nota que su nombre de nacimiento tiene energías desafiantes, siempre puede cambiar su nombre por otro que le siente mejor. Se quedaría sorprendido y asombrado de cómo la vida de las personas cambió para mejor en el momento en que eligieron cambiar de nombre. Su nombre es muy importante a la hora de construir su carta porque lleva la esencia de quién es usted junto con su fecha de nacimiento. Le mostrará por qué actúa y piensa como lo hace. Una vez que tenga su nombre, podrá trabajar con la información que se da en este libro para escribir las cosas que se aplican al valor numerológico de su nombre. Recuerde que, al elaborar cualquier número relacionado con su nombre, debe asignar a la letra Y su posición adecuada, ya sea como vocal o como consonante. Por ejemplo, si su nombre es Yolanda, en este caso, la letra Y es una consonante. Si su nombre es Andy, es una vocal porque no empieza la palabra, sino que la termina.

Trabajar con su fecha de nacimiento

Su fecha de nacimiento también puede informarle sobre quién es usted. Cuando elabore su carta astral, debería ponerla siempre en este formato: MM-DD-AAAA. Así, digamos que nació el 24 de marzo de 1991. Lo escribiría como 24-03-1991. Además, recuerde que, a menos que quiera obtener el significado compuesto de sus números, ya sean de nacimiento o de otro tipo, debe reducir el número a un solo dígito.

Ahora que tiene a mano su nombre y su fecha de nacimiento, rellenar su carta se convierte en algo fácil. Ya hemos hablado de cómo hacer estos cálculos. Aun así, como este es un capítulo de referencia, vamos a hacer un rápido resumen de cómo calcular cada uno de ellos para que pueda rellenar su carta con precisión y facilidad sin tener que pasar de una página a otra.

Para su comodidad, aquí está de nuevo la tabla de valores de la numerología caldea:

1 2 3 4 5 6 7 8

A B G D E U O F

Q R C M H V Z P

Y K L T N W

I S X

J

Para sus números compuestos: Sume los valores de su nombre hasta obtener una respuesta de dos dígitos. Haga lo mismo para su fecha de nacimiento. Si no obtiene un número compuesto, no pasa nada.

Para sus números principales o raíces (los que tienen una sola cifra): Simplemente reduzca todo hasta que obtenga un único número del 1 al 8. Si la respuesta que obtiene es un 9, entonces debe buscar los números compuestos que, sumados, le darían el 9: por ejemplo, 18, 27, 36, etc.

Para su número de destino: Sume todos los números que componen su nombre en su totalidad. Para la numerología pitagórica, sería el nombre que figura en sus documentos, como su partida de nacimiento. Para la numerología caldea, trabaje con su nombre actual asignado (que técnicamente estaría en sus documentos de todos modos).

Para el número del deseo de su corazón: Solo debe sumar los valores de cada vocal de su nombre. Una vez más, recuerde la regla de la Y.

Para el número de su perfil de personalidad: Sume todas las consonantes de su nombre. Una vez más, recuerde la regla de la Y.

Su número de fecha de nacimiento: Sume todos los números de su fecha de nacimiento, incluyendo el mes, el año y el día. Así sabrá qué hacer si obtiene un número compuesto o un número raíz.

Planos de expresión

Este es el proceso de combinar todos los números importantes de su carta, que ya hemos esbozado en la sección anterior. Es muy fácil determinarlo porque todo lo que está haciendo es sumar cada uno de estos números. Por ejemplo, supongamos que su número del destino es el 8, el número del deseo de su corazón es el 3, el número de su personalidad es el 7 y el número de su fecha de nacimiento es el 6. Sumando todos ellos obtendrá el 24, que puede reducirse al 6.

¿Qué le dice exactamente este aspecto de la carta numerológica? Le muestra las múltiples capas de sí mismo y cómo interactúa con los demás a su alrededor. Conocerá la forma en que la gente le ve, y también combina su percepción de usted con la verdadera razón por la que está aquí en esta tierra y lo que más desea de la vida. También vale la pena tomar nota de su plano de expresión porque en él es donde encontrará la iluminación sobre el motivo de su lucha y lo que podría estar frenando su avance. Por ejemplo, puede que se sorprenda al descubrir que su deseo de proyectarse como alguien diferente de lo que realmente es, es lo único que le impide tener éxito y alcanzar sus objetivos y sueños.

¿Qué pasa con su número de logro?

Este número es muy importante, y no es más que un dígito principal en su carta. ¿Qué representa? Es la esencia de su alma. Puede cambiar de ropa, cambiar de lugar, cambiar de nombre, comenzar una nueva carrera o lo que sea, pero su alma permanece eternamente inalterada. Por tanto, el número de logro es lo que usted es realmente en espíritu. Dado que todas las cosas fluyen desde el espíritu, lo más sensato es saber cuál es este número y trabajar con él de forma consciente para que nunca tenga que preocuparse por estar fuera de su camino, y alcance un cierto nivel de facilidad, fluidez y aceptación de dónde se encuentra en la vida. Algunas personas dicen que nunca debe aceptar nada que no quiera o no le guste, pero el secreto es que este es el primer paso para cambiarlo a mejor. Cuando se permita ver la verdad sobre su existencia personal, es posible que se vea inundado de limitaciones, pero sus ojos se abrirán finalmente a las herramientas y recursos que le rodean y que puede utilizar para sacar lo mejor de sí mismo. He aquí una sorpresa: cuando haga esto, puede que descubra que lo que creía que quería no es exactamente lo que deseaba o necesitaba y que le gusta bastante esta nueva versión de sí mismo, más auténtica y verdadera, alimentada y aprobada por su espíritu.

Su número de logro es el plano mismo de toda su vida, y de las vidas anteriores a esta y de las que vendrán después. Este número corta toda la palabrería y le mostrará tal y como es usted realmente, sin adornos añadidos. ¿Cómo se calcula este número? Todo lo que tiene que hacer es sumar su número del destino y el número del deseo del corazón, y el total debería decirle todo lo que necesita saber. Recuerde que el resultado no debe ser un número compuesto, así que redúzcalo a un solo dígito, a menos que sea un 9, entonces puede trabajar con los significados compuestos asignados a las cifras que suman 9.

Un ejemplo de carta

Supongamos que estamos haciendo una carta para alguien llamado Janet Bethany Archer, y que nació el 3 de octubre de 1995.

JANET BETHANY ARCHER, 10-03-1995

Número del destino: 1 + 1 + 5 + 5 + 4 (JANET) + 2 + 5 + 4 + 5 + 1 + 5 + 1 (BETHANY) + 1 + 2 + 3 + 5 + 2 = 57.

Número compuesto: 57.

Número raíz: 5 + 7 = 12; 1 + 2 = 3

Número del deseo del corazón: A, E, E, A, Y, A, E = 1 + 5 + 5 + 1 + 1 + 5 = 19

Número compuesto: 19

Número raíz: 1 + 9 = 10; 1 + 0 = 1

Número del perfil de la personalidad: J, N, T, B, T, H, N, R, C, H, R = 1 + 5 + 4 + 2 + 4 + 5 + 5 + 2 + 3 + 5 + 2 = 38

Número compuesto: 38

Número raíz: 3 + 8 = 11; 1 + 1 = 2

Número de su fecha de nacimiento: 1 + 0 + 0 + 3 + 1 + 9 + 9 + 5 = 28

Número compuesto: 28

Número Raíz: 2 + 8 = 10; 1 + 0 = 1

Número de logro: 4 (Número de destino 3, número de deseo del corazón 1. 3 + 1 = 4.)

Destino: 3. Animador, un empresario que prosperará en el trabajo creativo.

Deseo del corazón: 1. Liderazgo y mando. Le irá bien iniciar sus propios negocios o proyectos.

Perfil de personalidad: 2. Diplomático, excelente compañero. Posee tacto. Capacidad para alternar entre lo sensible y lo insensible, lo reflexivo y lo irracional.

Número de su fecha de nacimiento: 1. Líder nato. Original. Voluntad masiva. Innovador. Mandón. Carente de integridad.

Número de logro: 4. Constructor, disciplinado, responsable, estructurado.

Esto era solo un ejemplo de cómo podría ser una carta, pero en realidad se puede entrar en muchos más detalles si se quiere. Por ejemplo, sabemos que Janet es muy creativa. En lugar de trabajar para alguien o para una organización en la que quizá no se la valore o no se le permita florecer como podría, estaría mucho mejor trabajando en lo suyo, emprendiendo por su cuenta. También podría hacerlo bien como socia, pero es más probable que encuentre la plenitud trabajando por su cuenta. Lo mismo ocurre en lo que respecta a las relaciones y amistades. Es muy probable que sea el tipo de persona que entable una conversación primero o que dé el primer paso. Esto es algo bueno para ella, siempre que sea con las personas adecuadas.

Poseer dos números 1 significa que debe tener cuidado con pisotear las opiniones y los sentimientos de los demás porque ella es la jefa o porque cree que tiene razón. Esto también podría traducirse en su vida amorosa, donde puede haber ocasiones en las que su pareja intente llegar a ella sobre un tema difícil, pero ella no escuche porque tiene decidido lo que prefiere hacer. Le iría muy bien con alguien que tenga un predominio de la energía 2 en su carta.

Sea lo que sea lo que Janet quiera conseguir en la vida, no puede permitirse actuar sin planificación. Está dotada por naturaleza para hacer que las cosas sucedan, siempre que tenga un proyecto o plan que la ayude a alcanzar sus objetivos de forma ordenada, ya que prospera cuando hay estructura. No le irá bien en entornos en los que las reglas no estén claras.

Capítulo 9: Números de compatibilidad

¿Sabía que trabajar con la numerología caldea puede ayudarle a averiguar las personas con las que es compatible en términos de amistad y romance? Claro que hay otros sistemas con los que podría trabajar para ayudarle con esto, siendo la astrología uno de los más populares, pero con la numerología encontrará resultados interesantemente precisos. Esto se debe a que los números están en todo, y llevan frecuencias inconfundibles.

La numerología caldea puede decir con quién es usted compatible
https://unsplash.com/photos/EdULZpOKsUE

Antes de entrar en el tema de la compatibilidad, por favor, no asuma que solo porque alguien no es compatible, usted nunca podría arreglar las cosas con esa persona. No es en absoluto así, porque cualquiera podría llevarse bien con otra persona siempre que ambas decidan solucionar sus problemas en lugar de ser una de esas personas odiosas que dicen: "Oh, nunca salgo con nadie que sea un número 5" o algo así. Es posible que encuentre más problemas de lo habitual con los números incompatibles, pero eso no significa que no pueda hacer que funcione. Al fin y al cabo, el amor consiste en crecer.

Trabajar la compatibilidad

Para averiguar si alguien es compatible con usted, debe trabajar con su número del destino, su número del perfil de la personalidad y el número del deseo del corazón. Comparar estos números entre sí es una gran manera de ver si usted y la otra persona encajarán bien en términos de numerología. Puede saber si siempre se van a enzarzar en discusiones o si se llevarán bien.

La numerología puede decirle si están hechos para durar o no, pero si necesita hacerse esa pregunta en primer lugar, quizá quiera preguntarse por qué tiene esa curiosidad. ¿Podría ser que no esté realmente comprometido con la relación? ¿Podría ser que el miedo al compromiso le moleste? ¿Podría ser que necesita trabajar en algunos problemas serios de confianza? No hay nada malo en comprobar su compatibilidad, pero siempre debe estar seguro de sus razones. Es mucho mejor comprobarlo con la mentalidad de querer asegurarse de que las cosas funcionan porque quiere comprender realmente a la otra persona y crecer juntos de verdad.

Las relaciones con un número no compatible no están condenadas desde el principio. De hecho, algunas de las mejores amistades y relaciones comenzaron con un poco de fuego y azufre. Lo único que hay que hacer ahora es echar un vistazo a los números del destino, la personalidad y el deseo del corazón de cada uno de ustedes. Ahora comprobaremos las distintas combinaciones y veremos cómo funcionan juntas.

1 y 1

Esta combinación es potente, siempre y cuando las dos partes puedan encontrar en su interior la posibilidad de ceder el control al otro de vez en cuando. Si tiene esta amistad o relación, debe saber que ambos tienen fuertes ambiciones, y esto podría provocar algunas fricciones entre ustedes que podrían acabar convirtiéndose en resentimiento mucho más adelante. Sin embargo, cuando decidan ser respetuosos el uno con el otro y se permitan tener un turno para llevar las riendas, ambos podrán ser francos con el otro sobre sus necesidades. Su relación de pareja se convertirá en una en la que ninguna de las dos personas estará nunca insegura o no sabrá lo que la otra necesita. La manera de que esto funcione es a través de la comunicación. Si no se comunican el uno con el otro, la magia que buscan nunca se producirá, y a menudo van a bloquearse. Sea consciente de ello.

1 y 2

Esta relación o amistad está llena de amor y calor, pero a pesar de todo, puede que no sea suficiente para ninguno de los dos. La cuestión es que el 2 necesita la seguridad del 1, y el 1 suele estar más preocupado por su ambición que por cualquier otra cosa. Si el 1 considera la relación como una parte clave de sus objetivos, será estupendo. Así, es más que probable que las cosas funcionen. A 1 le encanta estar al mando, mientras que a 2 le gusta prestar apoyo emocional, y esta es una dinámica encantadora para tener con jefes y empleados, padres e hijos, etc. Es probable que a ambos les vaya bien juntos, siempre y cuando ninguno intente apropiarse de las tareas o funciones del otro.

1 y 3

Una combinación emocionante y gloriosa con muchos estímulos. Esta es una relación maravillosa que saca lo mejor de ustedes. Ambos son independientes y autosuficientes; es una combinación estupenda para las personas que quieren estar con una sola persona todo el tiempo. También se interesarán por el pasado del otro porque se trata de una combinación comprensiva y compasiva de los impulsos del alma. Esto podría ser problemático si sus opiniones chocan demasiado, pero pueden funcionar bien juntos cuando se comunican bien.

1 y 4

Los dos son sensibles y cariñosos, pero la cosa no va más allá, ya que la combinación 1 y 4 ya ha provocado bastantes líos. Es probable que su relación se caracterice por mucho amor y muchas peleas. Ninguno de los dos encontrará a otra persona tan leal como el otro, así que lo más probable es que sigan resolviendo sus problemas y haciendo todo lo posible para que esto siga adelante. Sin embargo, no parece que esto vaya a durar siempre, ya que hay demasiada tristeza en todo ello.

1 y 5

Esta es una combinación fuerte para aquellos que quieren tomarse las cosas con calma y vivir su vida día a día. Puede que tenga la tentación de analizarlo todo en exceso, pero eso es lo que intenta hacer de todos modos, así que no es de extrañar que se sientan atraídos por formas más profundas que la relación promedio. Sin embargo, tendrán problemas cuando alguno de los dos sienta que el otro va demasiado lento.

1 y 6

Esta es una gran combinación para las personas que buscan algo estable. Ambos son muy afectuosos y cariñosos el uno con el otro, así que no es de extrañar que se sientan atraídos. El problema aquí es que ambos son muy protectores por naturaleza, pero no son tan buenos comunicando lo que sienten. Esto puede hacer que su relación parezca estancada, aunque en realidad esté progresando muy bien. Tendrán que recordar que la comunicación es una vía de doble sentido para que las cosas funcionen.

1 y 7

Esta es una buena combinación, pero no del todo genial. Ambos son personas independientes y cariñosas que no sienten la necesidad de hacer las cosas a medias. Sin embargo, ese es el problema, porque ambos son demasiado testarudos y están demasiado anclados en sus propias costumbres como para darse cuenta de ello. Podrían tener absolutamente una gran relación si decidieran aprender a comunicarse más eficazmente para poder comprometerse y atravesar el túnel del cambio.

1 y 8

Son intensos y emocionales el uno con el otro, lo que podría malinterpretarse como un problema, ya que esta es una combinación abrumadora para los demás. Ambos son capaces de ser demasiado dominantes, pero eso lo perciben el uno del otro, así que probablemente podrán mantener las cosas medidas y bajo control. Dicho esto, ha habido ocasiones en las que esta combinación funciona de maravilla, con mucho amor y apoyo por ambas partes.

1 y 9

Son dos personas extremadamente leales con mucho amor para dar en esta relación. El único problema es que ninguno de los dos es realmente bueno para ser directo ni para guardarse sus sentimientos. Es posible que quieran trabajar en eso si quieren que su relación sea duradera.

2 y 2

Nadie entiende mejor a un 2 que a otro 2. A los dos les irá maravillosamente bien juntos porque se apoyan mutuamente. Los dos son excelentes escuchando, y el hecho de que cada uno esté dispuesto a mostrar sus emociones y a llevar su corazón en la manga animará a la otra persona a hacer más de lo mismo. Esta es una relación muy enriquecedora y podría ser algo hermoso para toda la vida.

2 y 3

Esta es una combinación vigorosa, en la que los dos son capaces de rebotar el uno en el otro y crear algo muy nuevo y emocionante. Ambos son fantásticos para decir lo que piensan y están muy abiertos a escuchar lo que el otro tiene que decir. Esta es una relación maravillosa para las personas que se desenvuelven bien como amigos primero y como parejas después. No hay nada malo en esa dinámica, pero hay que tener cuidado de no perderse en esta relación, ya que a veces puede ser difícil ver dónde acaba una persona y empieza la otra. Poder comunicarse con alguien que entiende sus puntos de vista puede ser un verdadero placer, especialmente cuando se trata de discutir un montón de ideas diferentes con alguien que no tiene miedo de probarlas. Ambos son muy creativos y entienden que necesitan tener la oportunidad de compartir sus ideas. Lo difícil es que ambos son extremadamente directos a la hora de mostrar sus emociones y expresarse.

2 y 4

Ambos son creativos e inteligentes, pero sus personalidades son demasiado parecidas como para trabajar bien juntos. Son del tipo de personas que quieren sentarse, hablar las cosas y luego avanzar. Pero no pueden hacer eso los dos a la vez, por lo que habrá muchas dudas entre ustedes hasta que decidan cuál de los dos tomará las riendas a la hora de tomar decisiones. Podría ser una relación sólida si funciona, pero de lo contrario, podría sentirse más como una amistad que como una asociación romántica.

2 y 5

Esta es una increíble combinación de dos personas genuinamente sensibles que están interesadas en descubrir más sobre sí mismas y sobre el otro a medida que crecen juntos. A los dos les encanta aprender, y ambos son muy creativos, pero con una comprensión natural de lo que es ser humano. Esta relación podría tener altibajos muy interesantes, pero podría ser realmente sorprendente cuando funcione.

2 y 6

Ambos son personas muy leales que se sienten atraídos el uno por el otro por razones emocionales, así que harán lo posible por permanecer juntos. Sin embargo, solo pueden llegar hasta donde la otra persona les empuje, lo que significa que esto dependerá en gran medida de la comunicación para que ocurra algo real entre los dos. La buena noticia es que ambos son sinceros el uno con el otro, incluso si eso significa decir la verdad cuando duele.

2 y 7

Ambos son personas extremadamente creativas que disfrutarán de la oportunidad de pasar tiempo juntos. Ambos son muy sensibles y se alimentarán de las emociones del otro, lo que podría ser abrumador en ocasiones. Esto es especialmente cierto si no son tan atrevidos el uno con el otro como lo son con los demás. No pueden dejar que su relación les haga ser perezosos, pero, por otro lado, probablemente los animará a hacer más cosas geniales juntos de las que cualquiera de los dos haría por su cuenta.

2 y 8

No se puede negar que esta combinación entre dos personas extremadamente independientes puede ser un poco explosiva por naturaleza cuando las cosas no van bien. Pero puede ser realmente agradable cuando ambos tienen una mentalidad similar y llevan sus emociones a flor de piel. Podrán aprender mucho el uno del otro, independientemente del tipo de relación que intenten establecer.

2 y 9

Ambos son personas muy solidarias que comprenden y aceptan las necesidades del otro. Sin embargo, a veces el problema es que ninguno de los dos es el tipo de persona que cuenta a los demás las cosas que le molestan. Podrían aprender mucho de esta relación si deciden que es hora de que la comunicación ocupe un lugar central en su vida diaria.

3 y 3

Ambos son personas flexibles que pueden tener deseos y necesidades contradictorias, lo que hace que las cosas sean difíciles a veces. También se les da bien resolver sus diferencias juntos y solucionarlas, así que puede que esto no sea tan malo después de todo. Ayuda el hecho de que puedan comunicarse bien el uno con el otro, incluso si eso hace que el otro se sienta un poco necesitado de vez en cuando. El mayor problema es que ambos son personas muy independientes, así que cualquier cosa que hagan juntos tendrá que ser una decisión conjunta. De lo contrario, las cosas podrían complicarse mucho.

3 y 4

Las personas independientes pueden tener deseos contradictorios. Esto es especialmente cierto en el caso de esta combinación, que puede dar lugar a muchas peleas si los dos no trabajan en sus habilidades de comunicación. Pero si consiguen hablar las cosas y resolver cualquier problema, este podría ser un gran emparejamiento. Los dos son muy honestos entre sí y con ustedes mismos. Nunca tendrá que preocuparse de que le mientan o de que su pareja se convierta en alguien que no reconoce. Se trata de una combinación muy solidaria porque ambos están muy dispuestos a analizar todos los aspectos de sus vidas con franqueza y honestidad antes de tomar cualquier decisión.

3 y 5

Ambos quieren las mismas cosas de la vida y son personas naturalmente solidarias, así que eso es un gran comienzo. Pero también son tipos muy sensibles que pueden herir los sentimientos del otro de vez en cuando si no tienen cuidado con la forma de acercarse. Pueden hacer que esto funcione teniendo discusiones entre ustedes sobre cómo podría ser una mayor implicación en su relación. Pero si no tienen cuidado, esta combinación podría ser frustrante para uno o ambos.

3 y 6

Ambos son personas concienzudas que definitivamente quieren hacer algo con sus vidas. Pueden llevarse bien porque tienen intereses e ideas similares sobre las cosas, pero hay un pequeño problema con el romance. A los dos les gusta ser mimados por sus parejas y tener la oportunidad de relajarse juntos en ocasiones. Esto supondrá un reto para los dos a veces, especialmente si se encuentran con viejos hábitos que no funcionan bien juntos. Sin embargo, merece la pena intentarlo, ya que ambos disfrutan siendo el mayor apoyo del otro.

3 y 7

Ambos son personas muy independientes a las que les gusta tomar sus propias decisiones, por lo que puede haber cierta frustración en este emparejamiento ya que no siempre están de acuerdo en las mismas cosas. Los dos son personas muy creativas, pero las cosas se pondrán bastante tensas si uno es más avanzado o el otro está atascado en sus costumbres. Son un tanto independientes el uno para el otro, lo que dificulta cualquier potencial de relación romántica entre ustedes.

3 y 8

Usted valora su libertad, lo que puede provocar una gran tensión entre ustedes si no tienen cuidado. La solución más fácil para esto es que los dos respeten la libertad del otro, incluso si eso significa que ninguno de los dos conseguirá nunca exactamente lo que quiere de esta relación. A los dos les va a costar soltarse y confiar en el otro, así que los experimentos con la fidelidad tendrán que ser completamente abiertos y acordados de antemano.

3 y 9

Tienen mucho en común en cuanto a empatía, sensibilidad y compasión. Pero hay un gran problema con esta combinación: no les gusta hablar de emociones. Los dos quieren personas que vean el mundo a través de lentes color de rosa y que no dejen traslucir que hay algo que les molesta, aunque no sea lo que usted quiere oír. Esto puede hacer que las cosas sean difíciles para ustedes porque son demasiado sensibles a las manías y hábitos del otro.

4 y 4

Son esencialmente perfectos el uno para el otro porque esta relación les dará la oportunidad de resolver cualquier problema que frene su compatibilidad. Tienen personalidades bastante similares, lo que significa que algunas cosas solo pueden mejorarse pasando más tiempo juntos. Esto es definitivamente algo bueno porque ambos quieren hacer las mismas cosas en la vida, pero también son personas muy independientes a las que les gusta tomar sus propias decisiones. Un poco de compromiso de vez en cuando es necesario.

4 y 5

Ambos son personas muy trabajadoras que tienen ideas e intereses similares, así que no hay necesidad de que esta relación se convierta en una batalla perdida. Pero cuando se trata de las necesidades básicas de conexión humana, hay algunos problemas aquí. Ambos están muy centrados en sus propias necesidades y sus propios deseos, lo que significa que, a menos que alguno de los dos pueda ver más allá de sí mismo en ocasiones, las cosas se pondrán tensas e incómodas de vez en cuando.

4 y 6

Ambos son personas muy apasionadas a las que les gusta disfrutar de la vida al máximo. Esta sería una buena combinación si pudieran pasar más tiempo juntos, pero como ocurre con la mayoría de estos combos, eso solo ocurrirá cuando realmente se esfuercen juntos y hagan un gran esfuerzo. Tienen intereses similares, algunos de los cuales son actitudes similares en la vida. Solo hay algunas diferencias básicas aquí que impiden que esto se convierta en algo más que una asociación forzada.

4 y 7

Ambos son personas muy sensibles que se sienten heridos con mucha facilidad por las acciones de los demás. Esto conduce a mucho resentimiento y celos, pero esta relación tiene el potencial de ser muy efectiva para los dos porque ambos se llevarán lo suficientemente bien cuando no sientan ningún tipo de dolor. Es posible que sientan que les están timando más que a nadie, pero no hay duda de que ambos son individuos muy trabajadores que merecen ser atendidos y apreciados por los demás.

4 y 8

Tienen mucho en común el uno con el otro en lo que respecta a sus valores y creencias, por lo que esta pareja debería funcionar bien si pueden superar algunas cuestiones básicas no resueltas. El gran problema aquí es que ambos ponen expectativas muy altas el uno en el otro, lo que puede llevar a mucha tensión entre los dos en el futuro. Pero mientras estén dispuestos a trabajar juntos en sus problemas, esta es una buena combinación para el otro.

4 y 9

Ambos son personas muy emocionales que sienten todo profundamente y necesitan mucho tiempo para sí mismos para procesar sus pensamientos y sentimientos. Esto podría ser algo bueno si pudieran aprender a compartirse mejor con los demás, por supuesto, con la ayuda del otro. Hay un sentimiento casi innato de entendimiento entre los dos que hace que se lleven bien en todo tipo de situaciones fuera de lo puramente romántico.

5 y 5

Ambos son personas muy independientes a las que les gusta hacer las cosas a su manera, y ambos buscan a alguien que sea igual de independiente. El problema de este emparejamiento es que ambos esperan que la otra persona lo sea todo para ustedes, lo que puede resultar abrumador. Tienen mucho en común y muchas cosas que les hacen sentirse frustrados el uno con el otro. Necesitan un descanso el uno del otro de vez en cuando, pero mientras ninguno de los dos se rinda, la relación puede seguir siendo buena entre los dos.

5 y 6

Los dos son personas trabajadoras y compatibles entre sí en lo que respecta a sus objetivos en la vida e incluso a la hora de disfrutarla. Ambos están aislados en sus pequeños mundos, lo que es bueno si se ven como su única esperanza. Pero, ¿qué ocurre cuando esos mundos no pueden llevarse bien entre sí? Los problemas entre los dos merecerán la pena si hay suficiente diversión en el proceso. Esto puede ser duro a veces, pero sigan adelante, y un día, las cosas mejorarán.

5 y 7

Ambos son muy leales y devotos a sus trabajos y les gustaría pasar más tiempo juntos con la otra persona. Esto puede ser algo bueno, pero también va a ser relativamente difícil construir una relación real entre ustedes porque ambos tienden a tener ideas muy diferentes de cómo deben hacerse las cosas. Tienen algunas cosas en común, pero también tendrán muchas cosas que les hacen sentir que no son comprendidos o valorados, lo que les lleva a veces al resentimiento.

5 y 8

Los dos son personas muy independientes que también se preocupan de que todos los que les rodean tengan todo lo que necesitan en la vida. Tienen ideas similares sobre lo que es mejor para el mundo y su comportamiento hacia otras personas, lo que es un comienzo prometedor para esta relación. Pero el principal problema aquí es que ambos tienen expectativas muy altas del otro, lo que puede provocar mucha tensión entre ustedes. Esto no tiene por qué ser así, pero depende de su dedicación para que esto funcione para su familia y para usted.

5 y 9

Los dos son personas muy apasionadas con muchas cosas en común y algunas que los separan. Ambos quieren asegurarse de que su familia esté a salvo de cualquier daño, pero cada uno tiene formas diferentes de hacerlo. El problema de llevarse bien el uno con el otro se reduce a estas diferencias de opinión. Si pudieran superar las diferencias, podrían convertir esta relación en una unión muy fuerte.

6 y 6

Hay muchas cosas buenas en este emparejamiento, pero por desgracia, la mayor parte se mantiene oculta al mundo porque ambos están muy aislados el uno del otro por sus propias inseguridades. Esto puede dar lugar a algunos conflictos porque ninguno de los dos quiere enfrentarse a sus inseguridades, y eso solo sale en forma de ira hacia el otro. Ambos comparten algunos de los mismos objetivos en la vida, pero piensan de forma muy diferente a la hora de llevarlos a cabo. Este será un emparejamiento difícil que requiere más comunicación que la mayoría de las otras combinaciones.

6 y 7

Los dos son personas muy trabajadoras que saben muy bien cómo disfrutar de su tiempo juntos. Hay muchas cosas buenas que suceden aquí porque ambos tienen ideas similares sobre la vida en general, pero hay una diferencia subyacente entre los dos, que llevará a mucha frustración entre los dos. Tienen algunos problemas muy arraigados que acabarán saliendo a la superficie, y cuando lo hagan, las cosas se pondrán lo suficientemente difíciles para ustedes como para que a alguno de los dos le resulte difícil hacer que funcione a largo plazo.

6 y 8

Ambos son personas muy atentas y sensibles que están dispuestas a hacer lo que sea necesario para asegurarse de que reciben todos los cuidados y la atención que necesitan, lo que les hace muy compatibles. Tienen algunos problemas muy arraigados que acabarán provocando problemas en su relación. Aun así, hay suficientes cosas buenas aquí que pueden funcionar para los dos si sus dos personalidades pudieran superar algunas de sus diferencias.

6 y 9

Aprenden el uno del otro y pueden sacar muchas cosas positivas de su relación, por lo que ambos pueden hacer que funcione incluso en los momentos difíciles. Los dos están más que dispuestos a asumir la responsabilidad de su familia, y ambos son personas muy atractivas y buenas en lo que hacen. El mayor problema de este emparejamiento es que ninguno de los dos admitirá que hay un problema entre ustedes, lo que impedirá que esta relación se convierta en algo más grande.

7 y 7

Ambos son personas muy independientes a las que les gusta tomarse las cosas con calma y simplemente disfrutar del camino, lo que contribuye en gran medida a su compatibilidad con el otro. Los dos son personas muy leales que están dispuestas a perdonar los errores que cometen los demás porque es algo a lo que no les gusta aferrarse durante demasiado tiempo. Ambos quieren ser felices por encima de todo, y hay mucha pasión entre ustedes. Este emparejamiento tiene el potencial de hacer que las cosas funcionen durante mucho tiempo, que es para lo que ambos van a necesitar del otro para mantener su relación basada en la realidad.

7 y 8

Ambos son personas muy independientes que se respetan mucho a sí mismos y al otro, lo que facilitará que los dos se lleven bien. El principal problema aquí es que ambos están acostumbrados a hacer las cosas a su manera, y ninguno de los dos quiere renunciar a esa independencia, al menos no todavía. Aquí hay muchas cosas buenas, y los dos pueden recorrer un largo camino para que funcione si lo desean, pero también hay muchos riesgos en la forma en que se manejan el uno al otro.

7 y 9

Hay mucha pasión en esta relación porque ambos son personas muy observadoras que saben leer al otro. Esto es prometedor porque les da a ambos muchas maneras de resolver los problemas sin recurrir al enfado. Los dos son personas muy pacientes a las que les gusta tomarse las cosas con calma, lo que es estupendo porque les da a los dos la oportunidad de construir una base sólida para su relación. Ambos quieren asegurarse de que todos los que les rodean sean felices, pero tienen formas diferentes de hacerlo.

8 y 8

Ambos son personas independientes que tienen una forma muy sensata y realista de ver la vida, lo que hará que los dos formen un buen equipo en muchas situaciones. El principal problema de esta relación es que ninguno de los dos tiene idea de cómo aceptar la ayuda del otro para hacer las cosas. No va a funcionar para los dos porque ninguno de los dos está dispuesto a abrirse y admitir que es capaz de necesitar la ayuda de otra persona. Ambos son personas muy leales y están dispuestos a perdonarse los errores, pero hay demasiadas cosas en el otro que no están dispuestos a aceptar.

8 y 9

Este es un emparejamiento interesante porque hará falta mucho esfuerzo por parte de ambos para que funcione. Ambos son personas muy independientes a las que no les gusta estar lejos el uno del otro, lo que puede causar algunos problemas entre los dos porque ninguno de los dos es muy afectuoso con el otro en situaciones sociales. Tienen ustedes objetivos similares en la vida, pero enfoques diferentes. Esto es prometedor porque les da a los dos la oportunidad de probar algo diferente y ver si funciona, pero aquí también hay muchos riesgos porque ambos tienen personalidades muy fuertes que se interpondrán en el camino para que su relación funcione.

9 y 9

Este es un emparejamiento fácil porque los dos son muy buenos comprendiendo y respetando el punto de vista del otro. Ambos son personas independientes que suelen estar contentos de hacer las cosas de una manera que se ajuste a sus propios horarios y condiciones. No hay mucho espacio para el crecimiento en esta relación porque ambos están acostumbrados a hacer las mismas cosas en la vida que el otro, lo que significa que las cosas no mejorarán entre los dos. Este será un emparejamiento difícil porque ambos se respetan mucho, pero no saben cómo afrontar las cosas.

Capítulo 10: Calcular el valor vibratorio de todo

En este capítulo, aprenderá cómo la numerología puede ayudarle en su vida. Todo tiene un valor vibratorio en forma de sus propios números únicos, incluidos los lugares, las personas, los animales, las fechas de las ocasiones y mucho más. Hay mucho que ganar con el uso de la numerología para avanzar en la vida, ya que puede ayudarle a ver dónde están sus puntos fuertes y débiles, a afrontar los retos que se le presenten con una sensación de facilidad y gracia, y a ver mejores formas de conectar con el espíritu en su vida, y mucho más. Trabajar con los números para hackear el juego de la vida es muy fácil. Repasemos cómo la numerología puede cambiar el juego para usted. Exploremos cómo puede aplicar la numerología a su vida diaria.

Tomar decisiones de inversión

Al utilizar la numerología en sus decisiones de inversión, podrá tomar decisiones acertadas sobre cómo y dónde invertir en el futuro. Verá, tanto si invierte en el mercado de valores, en negocios inmobiliarios, en criptodivisas o en cualquier otra cosa, toda inversión es una apuesta de algún tipo, y puede aumentar sus probabilidades de obtener beneficios si utiliza la sabiduría que le proporciona la numerología. ¿Cómo? Armonizando lo que está trabajando con la numerología.

La numerología puede guiarle en sus decisiones de inversión
https://unsplash.com/photos/jpqytK7GB4w

Si está planeando invertir en el mercado de valores, por ejemplo, tiene sentido calcular la energía de todos los números asociados a ese mercado en particular, ya sean mercados financieros o de otro tipo. Después, podrá decidir si le parece bien invertir o no. Lo bueno de hacer esto es que le saca del ámbito de la "sensación visceral" y le lleva a un marco más racional y analítico en el que su mente está abierta a tomar decisiones basadas en los hechos, no en lo que se "siente bien". Utilice la numerología en todas sus decisiones de inversión para tomar decisiones acertadas sobre cómo y dónde invertir el dinero que tanto le ha costado ganar.

Mejore la compatibilidad de sus relaciones

Las relaciones son un trabajo duro cuando son nuevas. De hecho, suelen ser un trabajo muy duro. Pero puede utilizar la numerología para saber cuándo su relación está en sintonía con otras personas. ¿Tiene una pareja con la que no es compatible? Utilizando la numerología, podrá ver cuáles son los problemas centrales entre ustedes dos. Esto también le dirá cuánto tiempo y energía se necesitará para remediar esos problemas. Tampoco pretende ser una revelación deprimente, sino una forma útil de averiguar en qué punto se encuentran las cosas en su relación para que ambos puedan empezar a hacer cambios juntos. Verá, las relaciones no permanecen estancadas para siempre: crecen y se desarrollan con el tiempo, como todo en la vida. Usted y su pareja querrán hacer lo que puedan para ayudarse mutuamente a crecer, ¿no? Entonces, ¿por qué no querría utilizar la numerología, no solo para ustedes dos, sino también para el resto de sus relaciones?

Mejore su desarrollo espiritual

Verá, la numerología es una brújula que señala el camino hacia dónde queremos ir. Por lo tanto, no necesita ninguna instrucción especial para que le funcione. Simplemente funciona porque todo tiene una vibración, incluidos los números. Se trata de darse cuenta de la conexión entre usted, su mundo y todos los demás mundos que se entremezclan con el suyo. Cuando sepa interpretar esas conexiones, podrá dar sentido a las cosas de una forma interesante y muy útil. Todo en la vida es un rompecabezas, y la numerología es una de las muchas herramientas que le ayudarán a resolverlo. Proporciona una valiosa visión de la vida y de usted mismo.

Haga cambios en su vida

Creo que es seguro decir que todo gran cambio en la vida comienza con una decisión. Cuando utilice la numerología para tomar esa decisión, obtendrá mucho más a largo plazo. La numerología puede ayudarle a darse cuenta del tipo de persona que realmente es: puede mostrarle los puntos fuertes y débiles y los talentos y desafíos. La vida es un viaje, y usted está cambiando a cada paso del camino. Pero, ¿con qué frecuencia hacemos esos cambios sin pensarlo dos veces? Probablemente no muy a menudo. Entonces, ¿qué le parece utilizar la numerología para realizar un cambio en su vida? Si la numerología funciona para todo lo que le rodea, ¿por qué no utilizarla también para provocar un cambio en su vida? Tiene sentido, ¿verdad? Cuanto más se entienda a sí mismo y más pueda interpretar lo que ocurre a su alrededor, más feliz y mejor será. A medida que aprende a utilizar la numerología, todo empieza a tener más sentido, ¡así de sencillo!

Ayudarle a criar a sus hijos

Ustedes ya tienen mucho en su plato como padres. Entre mantener su hogar en funcionamiento y criar a sus hijos, hay mucho que hacer. Pero la numerología puede ayudarle a enfrentarse mejor a todo ello. Cuando se ocupa de los niños y de su vida cotidiana, no tiene tiempo para dudar de sí mismo: cada decisión es importante y tiene ramificaciones a largo plazo. Por ello, le recomiendo que utilice la numerología para acotar sus opciones a la hora de tomar estas decisiones: le mantendrá con los pies en la tierra para que su intuición sea atendida y se mantenga intacta en todo momento. Supongamos que uno de los niños sigue discutiendo con otro en la escuela. Antes de que se dé cuenta, los dos niños se están peleando hasta el punto de hacerse daño de verdad. ¿Qué hace usted entonces? ¿Juega al juego de "él dijo, ella dijo"? ¿O utiliza la numerología para decidir cómo manejar este problema, especialmente porque se ha convertido en algo que está causando a su hijo más estrés del que necesita?

Si, en lugar de asumir todos estos retos, ambos niños pudieran aprender que no están teniendo una discusión - que en realidad están inventando una historia - ¿qué beneficio tendría para ellos? Entre otras cosas, usted estaría eliminando mucha energía innecesaria de su hogar. Una de las mejores cosas que puede hacer para ayudar a sus hijos a crecer y convertirse en adultos sanos y felices es enseñarles a utilizar la numerología. Verá, comprender la numerología es una habilidad muy valiosa para la vida: se trata de entender cómo funciona todo en el universo y cómo los números influyen en todo lo que ocurre en nuestro mundo. Cuando puede dar sentido a cómo funcionan los números y por qué lo hacen - y cuando lo hace con amor y respeto - entonces está ayudando a sus hijos a crecer como adultos conscientes de sí mismos y decididos.

Utilícela para identificar a los mejores socios comerciales

Otra forma en que la numerología puede ayudarle es identificando a los mejores socios comerciales. Encontrar buenos socios comerciales es algo muy complicado. Hay mucho que decir sobre tener la asociación adecuada para ayudarle a avanzar en su carrera y obtener beneficios. Pero, ¿cómo saber si un socio comercial le ayudará o no y cómo puede utilizar la numerología para saber si es el adecuado para usted? La clave es mirar la energía que hay detrás de su nombre: existe algo llamado compatibilidad numerológica, que se basa en la energía que hay detrás del nombre de cada persona. Utilice esa energía como barómetro para su asociación y para averiguar si tendrá éxito o no. Elimina las conjeturas de las asociaciones empresariales. Todo hombre de negocios quiere saber que está trabajando con alguien que hará el trabajo, y nada supera esa sensación de hacer negocios con alguien que entiende lo que usted quiere. Cuando utilice la numerología, podrá trabajar en armonía con otra persona, lo que significa mayores posibilidades de éxito.

Averigüe sus objetivos profesionales

A menudo no conoce sus objetivos profesionales cuando es joven. Como resultado, toma decisiones que no se ajustan a lo que realmente le importa. Los jóvenes cometen este error muy común, tan común, de hecho, que los medios de comunicación lo utilizan habitualmente para vender sus productos. Es un gran error porque tendemos a trabajar más de lo necesario cuando tenemos objetivos profesionales que no están alineados con nuestros valores fundamentales. A veces trabajamos tan duro que se vuelve contraproducente, a veces demasiado duro incluso para disfrutar de lo que estamos haciendo. Como parte de su misión en la vida, utilice la numerología como guía para trabajar hacia estas metas y objetivos. Es difícil saber lo que se quiere en la vida cuando se es joven. Pero la numerología puede ayudarle a averiguar sus objetivos profesionales, y no importa si esos objetivos son grandes o pequeños. Al fin y al cabo, saber lo que quiere le da una dirección a su vida. Tener este tipo de dirección en su vida es muy importante,

Utilícela para tomar sabias decisiones financieras

Si le preocupan las decisiones financieras, entonces tiene sentido aprender más sobre la numerología. Al fin y al cabo, no hay nada que tenga mejor historial que lo bien que puede ayudarnos en todo, desde la inversión hasta la toma de decisiones financieras. De hecho, la numerología es una de las formas más fiables de tomar decisiones financieras acertadas.

Tanto si es usted un gran gastador como si es un poco frugal, la numerología puede ayudarle a tomar decisiones financieras acertadas. Cuando utilice la numerología, verá que no existe la casualidad y que todo tiene una razón. En nuestro universo, el dinero hace girar el mundo. La numerología nos permite interpretar la energía de los números para tomar decisiones financieras más sabias, y eso es algo que todo el mundo debería saber hacer.

Tomar buenas decisiones en general

Tomar buenas decisiones es similar a tomar decisiones financieras sabias: se trata de investigar y asegurarse de que la decisión coincide con sus objetivos, valores y planes a largo plazo. Con la numerología como brújula, tiene toda la información que necesita a su disposición para tomar la mejor decisión posible.

Utilícela para interpretar los sueños

Probablemente se pregunte de vez en cuando sobre sus sueños. ¿Por qué alguien se haría una pregunta así cuando ya lo ha soñado? ¿Por qué no iban a dejar las cosas claras? ¿Por qué preguntar algo de lo que ya saben la respuesta, ¿verdad? Pero cuando utilice la numerología, podrá dar sentido a sus sueños y a la razón por la que los tiene. Puede utilizar la numerología para averiguar el significado de los símbolos que más le llamaron la atención en el sueño, o puede utilizarla para los nombres de las personas que vio. Puede hacer lo mismo para los lugares que sueña o si tiene uno de esos sueños en los que una determinada palabra le salta a la vista.

Cultivar una familia sana

Si tiene hijos, sabrá que la mayoría de los padres lo único que desean es que sus hijos se sientan conectados - con todo - y que crezcan hasta convertirse en adultos sanos y felices. El uso de la numerología le ayudará a reforzar el vínculo emocional con sus hijos, haciéndolo más fuerte que nunca. Esto puede ayudarle no solo con sus hijos, sino también con toda su familia.

Comprender lo que mueve a la gente

Si no sabe por qué las personas actúan como lo hacen, nunca podrá entender lo que las hace funcionar. La numerología le permite entender esto, y es más fácil de lo que cree. ¿Por qué? Porque todo tiene una vibración, todo tiene un significado. Cuando sepa interpretar ese significado, comenzará a entender cómo funciona la gente. No es tan difícil en absoluto, y una vez que empiece a hacerlo, se encontrará con todo tipo de respuestas sobre los demás en todo el mundo.

Determine si alguien es digno de su tiempo o no

A menudo no sabemos si alguien merece o no nuestro tiempo hasta que nos sentamos con él uno a uno durante un rato. Pero, ¿por qué desperdiciar todo ese esfuerzo cuando hay una forma más fácil? En lugar de hacerlo, utilice la numerología para averiguar si merece la pena hablar con ellos en primer lugar.

La numerología puede ayudarle con su salud

¿Sabía que la numerología puede ayudarle a resolver sus problemas de salud? Cuando utilice la numerología, podrá observar los números y comprender cuáles desempeñarán un papel en su proceso de curación. Todo lo que ocurre en nuestras vidas lo hace por una razón. Cuando podemos ver más allá de la razón que se nos da, podemos ofrecernos la oportunidad de cambiar. El cambio es bueno, si se produce en las circunstancias adecuadas. Puede utilizarla para averiguar cuáles son los mejores alimentos que son compatibles con usted.

La numerología puede ayudarle a alcanzar la ascensión espiritual

La numerología le proporciona las herramientas que necesita para alcanzar la ascensión espiritual. También le da la información que necesita para comprender la importancia de la ascensión. Una vez que sabe lo que es, es fácil pasar a la acción, y no hay mejor momento que ahora. Cuando pensamos en la ascensión espiritual, a muchos nos cuesta creer que sea posible. Pero si utiliza la numerología para ayudarle en este proceso, se encontrará en el camino de la ascensión espiritual en muy poco tiempo. Esta es una de esas cosas que tienen el potencial de ayudarnos a crecer. Todo lo que tiene que hacer es tratar de vivir en alineación con todos los números que son relevantes para usted.

¿Se le ocurren otras formas de trabajar con los números en su vida? Cualquier cosa que se le ocurra, la numerología le ayudará. Es una herramienta tan maravillosa que puede ayudarle a vivir su vida plenamente y a alcanzar su mayor potencial.

Conclusión

Por fin ha llegado al final de este libro, y ha sido todo un viaje. Recuerde que lo mejor que puede hacer es poner en práctica lo que ha aprendido, y tampoco se detenga con este libro. Hay mucho más que puede aprender sobre el tema.

Una práctica que merece la pena es meditar con estos números en mente y ver las impresiones que obtiene de cada uno. Si está ayudando a otras personas con sus lecturas, también puede meditar con ellos en mente antes de ayudarles finalmente a elaborar una carta o explicarles cuáles son sus retos y qué deben hacer para superarlos.

Los números siempre han sido una parte intrincada de nuestras vidas, y es una gran suerte que haya llegado al lugar de su vida en el que ahora se da cuenta de esto y está pasando a la acción al leer este libro. Debe seguir contemplando lo que significan los números y hacer un balance de su vida desde que nació hasta este momento para averiguar cómo le han afectado todos estos años.

Recuerde que el hecho de que los números puedan ser bastante precisos todo el tiempo no significa que siempre esté condenado a experimentar las luchas relacionadas con ese número. En realidad, puede superarlo todo con algo de perseverancia y fe en sí mismo. Los números no pretenden hacerle sentir como si estuviera cautivo de un destino que no ha contratado; el conocimiento de la numerología está pensado para darle poder y ayudarle a darse cuenta de lo mucho más rica y satisfactoria que podría ser su vida si siguiera el plan de su alma.

Cuanto más se sumerja en este tema, más descubrirá y más evidente le resultará que los caldeos sabían *exactamente* lo que hacían cuando idearon este sistema de adivinación. No sea demasiado duro consigo mismo por no ser capaz de recordar lo que significa cada número porque puede y debe tomarse su tiempo con esto.

Vea más libros escritos por Mari Silva

Su regalo gratuito

¡Gracias por descargar este libro! Si desea aprender más acerca de varios temas de espiritualidad, entonces únase a la comunidad de Mari Silva y obtenga el MP3 de meditación guiada para despertar su tercer ojo. Este MP3 de meditación guiada está diseñado para abrir y fortalecer el tercer ojo para que pueda experimentar un estado superior de conciencia.

https://livetolearn.lpages.co/mari-silva-third-eye-meditation-mp3-spanish/

Recursos

Buchanan, M. (2013). El libro de la numerología: Descubra su destino y el plan de su vida. Hay House, Inc.

Dodge, E. (1988). La numerología tiene su número. Simon and Schuster.

Fanthorpe, L., Lionel, F., y Fanthorpe, P. (2013). Misterios y secretos de la numerología (Vol. 16). Dundurn.

Heyss, J. (2001). Iniciación a la numerología: Una guía práctica para leer sus propios números. Weiser Books.

Kapil, A. (2001). La numerología es fácil de entender. Penguin Books India.

Lagan, H. A. (2011). Numerología caldea para principiantes: Cómo su nombre y su cumpleaños revelan su verdadera naturaleza y su trayectoria vital. Llewellyn Worldwide.

Lawrence, S. B. (2019). El gran libro de la numerología: El significado oculto de los números y las letras. Weiser Books.

Mykian, W. (2011). Numerología fácil: Una introducción a la ciencia caldea de los números. Xlibris Corporation.

Ojha, P. A. (2005). Numerología para todos. Orient Paperbacks.

Sharp, D. (2001). Numerología simple: Un libro de sabiduría simple. Conari Press.

Simpson, J. (2014). Numerología: Haga predicciones y tome decisiones basadas en el poder de los números. Penguin.

Singh, S. C. (2020). Deje que los números le guíen: La ciencia espiritual de la numerología. John Hunt Publishing.

Thompson, L. B. (1999). Numerología caldea: Un mapa antiguo para los tiempos modernos. Tenacity Press.

Visconti, S. (2020). Numerología: Descubra el significado de los números en su vida y sus secretos para el éxito, la riqueza, las relaciones, la adivinación y la felicidad. Sofia Visconti.

Windfuhr, G. (2004). Ritual zoroastriano y taoísta: Cosmología y numerología sagrada. En Los rituales zoroastrianos en su contexto. Brill

palabras, la coreografía, el entorno y los objetos utilizados, tienen el singular propósito de elevar su energía y canalizarla hacia lo que desea, haciéndole formar parte de la magia presente.

Para el Mago, se trata de cumplir su Verdadera Voluntad. Mientras lleva a cabo su ritual, se casa con lo fugaz y lo duradero en el aquí y ahora. Se funde con lo divino y trae lo intemporal y lo invisible para las masas justo delante de sus ojos.

Le permiten el espacio que necesita para canalizar aún más energía de la que podría a través de cualquier otro medio, y luego enviar esa energía de manera activa para hacer su voluntad.

Preparándose para Su Ritual

Como mago, una de las primeras cosas que debe hacer es cuidar su entorno inmediato. Si no tiene eso resuelto, ¿cómo planea dirigir las energías y fuerzas de la naturaleza? Debe asegurarse de que su espacio, tal como está, sea adecuado para trabajos mágicos.

Dondequiera que elija tenerlo afectará los resultados que obtenga. Por lo tanto, es mejor utilizar los espacios que permitan el flujo de energía. Considere hacer el suyo al aire libre, o imagine que la energía de la naturaleza fluye sin obstáculos hacia el espacio que está usando en el interior. Idealmente, realizarlos en la naturaleza es un buen camino a seguir, ya que le permite a usted y a otros participantes reconocer que todos estamos entretejidos en el mismo tapiz.

Puede encontrar que está un poco limitado en su elección de ubicación. No permita que eso le afecte. Simplemente trabaje con lo que tiene. Debe asegurarse de que el espacio que elija pueda albergarlo a usted y a cualquier otra persona que participe en él.

Quiere realizar lo suyo en un espacio que ha consagrado para ese propósito. No desea interrupciones, distracciones, o cualquier cosa que pueda quitarle la calidad o el enfoque que se requiere. También debe asegurarse de que no haya teléfonos móviles o tabletas cerca.

Para crear el ambiente, puede usar aromáticos, baratijas, y cosas de esa naturaleza.

Todos los rituales estacionales suelen tener símbolos y decoraciones que representan esa temporada en particular. Por ejemplo, un ritual de Ostara se beneficiaría de flores frescas. Desea escoger buena música, incienso adecuado, y los objetos que coincidan con su tema. Estos jugarán un rol importante en afectar su percepción, poniéndolo en un estado mental mágico.

En cuanto a los preparativos personales, debe estar en el estado mental adecuado. Lo mismo ocurre con todos los demás que se unen. La razón es que los pensamientos y las emociones de todos se combinarán, y esta energía alimentará al grupo. Todos deben dejar de lado los problemas y preocupaciones sin importancia y mundanos, para que todos tengan el mismo enfoque e intención.

Los baños rituales antes de la ceremonia son útiles, ya que pueden ayudar a limpiar cualquier energía persistente, antigua y no deseada, y evitar que eso manche su intención. Querrá agregar sal al agua de su baño, ya que la sal simboliza la purificación. También puede agregar aceites esenciales naturales. Si puede, báñese en el océano, o en un lago o arroyo. De lo contrario, no se preocupe. Solo tome un baño donde pueda antes de comenzar lo suyo.

Si está realizando uno con otros, querrá estar en un círculo. Esto representa que cada persona es responsable de los eventos que ocurren, y todos son igualmente relevantes. Todos los participantes deben tener muy claro su entendimiento sobre la razón por la que todos se han reunido, y deben estar listos, dispuestos, y capaces de dar su energía, física y psíquicamente, para que el propósito se cumpla. Si alguien no puede mantener su energía positiva y clara, entonces sería para el mejor interés de todo que esa persona se retire. Lo último que necesita es un eslabón débil que haga fracasar el ritual.

Finalmente, todos los objetos y herramientas rituales deben ser limpiados con anterioridad. Cargue energéticamente cada objeto para que haga su tarea designada. Reúna todas las herramientas que necesite, y solo entonces debe hacer un círculo.

La Progresión del Ritual

Cada ritual tiene una progresión, y cada paso está exactamente donde está en la secuencia de eventos por una muy buena razón. Piense en ellos como obras de teatro bien estructuradas. No querrá alterar el orden de las escenas; de lo contrario, todo el significado se perderá.

Todos tienen inicios muy específicos, que implicarán crear el ambiente sagrado en el que ocurrirán los eventos restantes. El inicio de su ritual determinará cómo se desarrollará el resto. Lleva a cada participante al espacio mental donde necesita estar, transportándolo al punto entre lo físico y lo espiritual, donde todo es uno. Une a todos en espíritu y mente para que puedan concentrarse en la intención por la que todos se han reunido con un corazón colectivo.

Al comienzo, puede hacer que todos los participantes respiren juntos al mismo ritmo mientras unen sus manos e invocan a todas las deidades y ángeles que necesitan estar presentes. Si es un mago que practica en solitario, necesitará un momento para rezar o meditar e invocar el círculo.

Una vez que haya llegado al punto de armonía, lo que suceda a continuación dependerá de la meta. Puede tejer hechizos, cantar, tocar el tambor o bailar. Puede sentarse a meditar, o visualizar, participar en adivinaciones, o incluso representar un evento simbólico. Lo que sea que elija debe coincidir con su intención.

Recuerde que cuanto más involucre los sentidos, más obtendrá la energía necesaria para que lo suyo sea un éxito. Esto significa quemar incienso, incorporar música y cosas de esa naturaleza. Notará que mientras la energía sube, los tambores o los cánticos pueden volverse más rápidos y más fuertes. Esto es algo bueno.

El final es tan importante como el comienzo. Ayuda a tener un final sólido, uno que dirigirá la atención de todos los magos de vuelta a las cosas mundanas y normales de la vida. Si no tiene un final adecuado, será como un mal suspenso en un programa de televisión. Los participantes tendrán una sensación de estar incompletos, y la intención puede quedar sin cumplir.

Debe poner fin a su ritual, que incluye reconocer que su deseo se ha cumplido y liberar a todos los espíritus y deidades convocados para ayudarlo con él. Además, todos los participantes deben conectarse a tierra. Al terminar, deconstruya su círculo, diga una oración de agradecimiento o termine con un canto. Cada participante debe aceptar que el conocimiento está completo y que la intención ha sido enviada y no regresará sin cumplir.

Capítulo Nueve: Realizando la Purificación

Mantenerse limpio y puro es crucial para cada acto mágico. Por eso hay ritos de purificación.

Purificación

La purificación es el proceso de liberarse de todo lo que es inmundo, especialmente antes de hacer algo mágico y trabajar con deidades y espíritus. Debe asegurarse de estar limpio, mental y corporalmente.

La purificación no solo se aplica a usted; se aplica a los objetos que usa durante un ritual y al espacio donde lo realiza. Históricamente, la frase "la limpieza está cerca de la divinidad" ha sido usada para explicar que ser puro es algo en lo que no escatima durante su práctica mágica.

Muchos rituales insisten en la limpieza, incluso mucho antes de que se discutiera la teoría de los gérmenes. Las religiones orientales siempre han valorado la pureza, tanto física como mental. Estar impuro durante un ritual siempre fue un tabú. Un beneficio adicional de las prácticas de purificación es que todos saben que no corren el riesgo de contraer algo de la otra persona. Las impurezas van desde la basura, los fluidos corporales, y los desechos hasta el comportamiento inmoral dentro del contexto de sus creencias mágicas.

La purificación es casi lo mismo que el destierro, excepto que es mucho más rigurosa, ya que debe preparar no solo su templo, sino también a sí mismo para llevar a cabo sus rituales. Según Crowley, los magos de la antigüedad a menudo pasaban por métodos de purificación muy arduos, que implicaban ayunar, abstenerse de tener relaciones sexuales, seguir dietas muy especiales, asegurarse de que el cuerpo pareciera limpio y ordenado, y hacer una serie de oraciones muy complejas.

Sin embargo, no se preocupe por participar en todo esto, porque Crowley también dice que ya no hay necesidad de purificarse en todos esos ámbitos. Simplemente puede establecer una intención, querer ser puro, y ese es el final del asunto. Así es como puede mantener su mente y cuerpo puros de todas las cosas que podrían interferir con su práctica espiritual. Crowley escribe en Magick, Libro 4:

La cuestión es aprovechar todas las ocasiones para aplicar todas las fuerzas disponibles para alcanzar el objetivo del asalto. No importa cuál sea la fuerza (de acuerdo a cualquier criterio de juicio) siempre que desempeñe el papel que le corresponde en asegurar el éxito del propósito general [...] Debemos examinarnos constantemente y asegurarnos de que cada acción está realmente subordinada al Único Propósito.

Para Crowley, era suficiente participar en rituales simbólicamente relevantes como bañarse y ponerse la túnica. Tomar un baño es un símbolo que muestra que se ha eliminado todo lo que no apoya su única intención. Ponerse la túnica también demuestra que se está poniendo todo lo que es bueno y que apoya su intención.

Destierro

El destierro es un ritual que elimina todas las influencias negativas que no deben estar en el espacio ritual, desde espíritus a energías negativas y estancadas. Hay muchos rituales de destierro, pero puede mantenerlos tan simples como sea necesario.

Antes de crear el círculo, que significa dibujar un círculo mágico alrededor de usted y sus participantes que canalizará sus energías de mejor manera y los mantendrá protegidos, desea realizar esto para santificar el área mágica. Desterrar es, literalmente, expulsar a todas las entidades y energías no deseadas de su espacio. Querrá hacer su destierro lo más regularmente posible, para que su altar y área de trabajo mágico se mantengan libres y limpias de negatividad e impureza, para que pueda practicar su magia y hechizos.

Crowley sugiere que haga un destierro general y que sea breve. Por supuesto, otras ceremonias son más elaboradas, requiriendo que destierre todo lo negativo, según su nombre. Crowley dice que debe hacer su ritual de destierro al menos una vez al día, como un verdadero thelemita.

Mantenerse Limpio

No puede permitirse ser una persona descuidada, desordenada y sucia como un mago en el espíritu de limpieza y Pureza, debe aprender a cuidar sus cosas y a sí mismo lo mejor que pueda.

Todos los trajes utilizados con fines mágicos deben mantenerse limpios. Usted mismo debe asegurarse de estar físicamente limpio antes de ponerse esta ropa o comenzar sus rituales. Báñese en agua salada. Lave su ropa mágica en agua salada. Limpie todos sus cristales, amuletos, varitas y otros objetos utilizando agua salada, y con la intención de que todos estos objetos solo se impregnen de energías positivas y útiles.

Si le parece exagerado, piense en lo importante que es para usted cada ritual que haga, cada intención que proponga, que no sea una pérdida total de tiempo en el mejor de los casos, o que atraiga los resultados incorrectos y las entidades incorrectas en el peor de los casos.

Ritual de Destierro Menor del Pentagrama de Crowley

El Ritual Menor de Destierro del Pentagrama, también conocido como LBRP por sus siglas en inglés, es un ritual mágico utilizado por la orden Aurora Dorada y ahora es muy popular en el ocultismo moderno. A menudo se considera un iniciador no negociable de todo el trabajo mágico, y es tan importante que, como miembro de la orden de la Aurora Dorada, es lo primero que se enseña (aparte de otros rituales de iniciación), antes de poder unirse a la Orden Interna.

El Ritual Menor de Destierro del Pentagrama es increíblemente dinámico. Requiere gestos, gritar palabras de poder particulares, visualización, evocación, oración y la limpieza y preparación de un área de trabajo mágico para permitirle realizar más magia o simplemente hacer sus meditaciones.

El objetivo de este ritual es desterrar todas y cada una de las formas impuras, cualquier entidad sobre el caos, y todo lo que no represente perfectamente los cinco elementos clásicos de la magia. Deberá usar su varita para trazar pentáculos en el aire y luego extraer el poder de los nombres de las entidades divinas. También deberá invocar todas las fuerzas espirituales a cargo de todos los elementos, para vigilar el círculo y mantenerlo fortificado.

El Ritual Menor de Destierro del Pentagrama y la Cruz Cabalística tienen ciertas partes básicas que se le atribuyen a Eliphas Levi, un ocultista francés. El origen del texto fue una oración judía que tradicionalmente se decía antes de acostarse. Por supuesto, esto lo señala el rabino Samson Raphael Hirsch en su libro, The Hirsch Siddur (1969). Esto es lo que dice:

En el Nombre de Dios, el Dios de Israel: que Miguel esté a mi derecha, Gabriel a mi izquierda, Uriel delante de mí, Rafael detrás de mí, y sobre mi cabeza, la presencia de Dios.

Preparándose para el Ritual de Destierro Menor del Pentagrama

Ciertas órdenes dicen que hay cierto equipo mágico que será usado para realizar el LBRP. Sin embargo, de acuerdo a la Orden Hermética de la Aurora Dorada, no se requiere ningún equipo. Para mayor claridad, la Orden Hermética de la Aurora Dorada (Ordo Hermeticus Aurorae Aureae) es una sociedad secreta firmemente dedicada a estudiar y practicar todo lo oculto, paranormal y metafísico. Fue fundada por William Wynn Westcott, William Robert Woodman, y Samuel Liddell Mathers, todos ellos eran francmasones.

Dicho esto, aquí tiene un enfoque que quizás quiera considerar cuando quiera llevar a cabo por sí mismo el ritual de destierro menor del pentagrama:

- Montar un altar en el medio de su espacio donde se colocarán todos los instrumentos que representan los cuatro elementos.

- Ponerse una túnica ceremonial, como una túnica tau, o cualquier otra prenda que utilice solo durante los rituales, y que solo use el mago: usted.

- Tener una espada ritual, o una daga (el athame servirá aquí) o una varita, si lo prefiere. Los usará para hacer gestos de los diversos puntos en la cruz cabalística, y también la necesitará para dibujar los pentáculos y el círculo que conecta todos los puntos.

El Proceso

De acuerdo con la orden del a Aurora Dorada, el *Ritual de Destierro Menor del Pentagrama* tiene tres pares que deben proceder en el siguiente orden:

1. **La Cruz Cabalística**: Puede repetirse al terminar con el LBRP. El objetivo de esto es crear una cruz astral utilizando el cuerpo del mago. Cada punto de la cruz coincidirá con los sefirot del Árbol de la Vida. (Los sefirot, que son emanaciones, son los 10 atributos de la Qabalah a través de los cuales el Infinito se muestra y continúa creando todos los reinos, tanto físicos como metafísicos).

2. **La Formulación de los Pentáculos/Pentagramas**: Trazará un pentáculo de tierra de destierro para el propósito del Ritual de Destierro, o invocará un pentáculo cuando realice un Ritual de Invocación dibujando el pentáculo en el aire en los cuatro puntos cardinales, y llamando el nombre del Dios que coincide con cada punto: YHVH para el Este, ADNI para el Sur, AHIH para el Oeste, y AGLA para el Norte. En esta porción del ritual, desterrará o invocará los cuatro elementos de Aire, Fuego, Agua y Tierra, en ese orden. Finalmente, conectará los cuatro pentagramas en un círculo, que dibujará en el aire.

3. **La Invocación de las Deidades o Arcángeles**: En este punto, invocará a los Arcángeles en el orden correcto: Rafael, Gabriel, Miguel y Auriel (o Uriel), pidiendo su presencia mientras ve en su mente a cada uno de ellos en los puntos cardinales.

Si lo desea, y si los nombres judeocristianos no son lo suyo, entonces puede reemplazar los nombres de los arcángeles, Dios, y la Cruz Cabalística con sus propios sustitutos. Por ejemplo, en lugar de usar el Árbol de la Vida, puede recurrir al sistema de Chakras del Este. En lugar de usar los nombres de Dios, puede cantar sus mantras. Todos los magos thelémicos usualmente invocarán el nombre de Aiwass, desde el corazón, mientras llevan a cabo la Cruz

Cabalística. Esto muestra su compromiso continuo con el inteligente Liber AL vel Legis, o El Libro de la Ley, que es el principal texto sagrado de la Ley de Thelema. Lo que hay que recordar es que la magia es personal. Recuerde: Haga Su Voluntad. Encuentre lo que le resuena y use ese método.

Capítulo Diez: Tres Métodos de Invocación

La invocación implica llamar a una deidad o ser divino o identificarse con él. Según Crowley, dos cosas son fundamentales si va a tener una invocación exitosa. Primero dice "inflámese en la oración", y luego dice, "invoque a menudo". A medida que reza, canta, baila, o lo que sea que haga para invocar a los espíritus, aumenta su vibración para que coincida con la de ellos, lo que hace es que sea aún más probable que la invocación tenga éxito. No es suficiente simplemente cantar u orar; lo que Crowley quiere decir con inflamarse con la oración es permitir que le prenda fuego. Sienta la pasión arder en su corazón y alma. Sienta cómo el fuego de la chispa divina se eleva dentro de usted mientras reza, e invocará a la deidad con la que necesita trabajar.

A continuación, dice, "invoque a menudo" porque, como con todas las cosas, la práctica hace al maestro. Cuanto más invoque, mejor será para entrar al estado mental adecuado para que se produzca la invocación. Cada nueva sesión ocurrirá de manera más fácil y rápida que la anterior porque usted ingresa en lo suyo mientras domina el proceso

Crowley cree que no hay otra invocación que sea más importante, incluso que otros actos mágicos, que invocar su propio yo secreto, o su Santo Ángel Guardián si lo prefiere. Cuando haya invocado su yo secreto, le resultará mucho más fácil cuál es su Verdadera Voluntad. Aquí está la descripción de Crowley de la experiencia de invocación en Magick (Libro 4, capítulo 15):

"La mente debe estar exaltada hasta que pierda la conciencia de sí misma. El mago debe ser llevado hacia adelante ciegamente por una fuerza que, aunque en él y de él, no es de ninguna manera lo que él en su estado normal llama 'yo'. Así como el poeta, el amante, el artista, se dejan llevar por un frenesí creativo, así debe ser para el Mago."

La invocación esencialmente implica invocar las cualidades de una entidad en usted. En su mayoría, los rituales de invocación son devocionales. Debe entregarse en adoración a la deidad para que la deidad pueda moverse, vivir a través de usted y bendecirlo.

Los Tres Métodos de Invocación de Crowley

En el libro Magick (Libro 4), Crowley habla acerca de las tres principales clases de invocación. Afirma que, en esencia, estas tres clases o métodos son lo mismo. Sin embargo, cada método implica que el mago se identifique con la Deidad que se invoca.

Método #1: Devoción. Aquí, el mago logrará alinearse con la identidad de Dios mediante la entrega amorosa. Los magos renunciarán a todas las cosas irrelevantes para una vida llena de devoción a esa deidad, y suprimirán todos los aspectos ilusorios de sí mismos.

Método #2: Convocatoria. El Mago se alineará en identidad con la deidad dándole atención al aspecto deseado de sí mismo que desea invocar.

Método #3: Drama. La identidad del Mago se alinea con la de la deidad a modo de simpatía. No es fácil para el Joe o la Jane normal simplemente abandonarse completamente a sí mismos como un actor abandonaría su yo real por el personaje que interpretan en una película, pero cuando el mago es capaz de hacer esto, encontrará que este método es el mejor y el más eficaz de los tres.

Asunción de Formas Divinas

La asunción de formas divinas es otra técnica que el mago puede usar para invocar a su dios o deidad. Solo tiene que usar toda su imaginación para asumir que es una representación del dios con el que desea identificarse. Mírese a sí mismo como la suma total de la idea representada por ese dios.

Una excelente manera de lograr esta identificación es arreglar su postura de modo que sea característica del dios o espíritu que desea invocar, e imaginar que el cuerpo de este dios se fusiona con el suyo, envolviendo el suyo, por lo que se convierte en la encarnación viviente del dios. Al hacer esto, puede cantar o "vibrar" el nombre de ese dios. Vestirlo. Deje que la esencia de ese dios se impregne en su mente, cuerpo y alma. He aquí, usted es dios.

Esté Preparado

No debería tener que mencionar lo importante que es para usted estar preparado antes de intentar invocar cualquier espíritu o deidad. Debe asegurarse de ser puro de corazón, y que su espacio ritual esté listo. Lo último que necesita es invocar a un espíritu o ser travieso en lugar del espíritu con el que quiere trabajar.

Debe estar preparado en mente. Todas las cosas que no son relevantes para la invocación deben dejar de ser importantes para usted. Déjelas ir por completo y concéntrese en la meta que debe lograr en el momento.

Haga su mejor esfuerzo para asegurarse de que usted es pura vibración. Esto significará hacer un sahumerio en el área donde pretende hacer su invocación. También puede cantar mientras hace el sahumerio para elevar su vibración y ponerlo en un estado mental receptivo para la invocación.

Finalmente, piense en lo que desea lograr mientras lleva a cabo su ritual de invocación. ¿Por qué está invocando esta deidad? ¿Qué le gustaría lograr al permitir que las cualidades de esta deidad se conviertan también en sus cualidades? Mantenga esto al frente y en el centro de su mente, con total fe y expectativa de que tendrá éxito, sin importar lo que sea. Comience con un estado de ánimo de agradecimiento, conocimiento y confianza en que sus intenciones ya se han cumplido. Esta mentalidad positiva y expectante asegurará que obtenga los resultados que desea, y que no se decepcionará ni se desviará de su propósito.

Capítulo Once: El Arte de la Adivinación

Definición de Adivinación

Entre las muchas habilidades y talentos del adepto se encuentra el arte de la adivinación. El objetivo detrás de esto es obtener información que le resulte útil como mago en su Gran Obra, donde finalmente usted mismo pueda trascender.

Fuera de lo que sucede entre sus oídos, hay varios tipos de inteligencia con los que puede conectarse para recibir la información y los conocimientos más asombrosos y precisos, utilizando simbología. La adivinación se trata de obtener esa percepción del reino de la inteligencia infinita.

Adivinación vs. Cartomancia

No es lo mismo que la cartomancia. Cuando se encuentra con un vidente, intenta predecir lo que le ocurrirá en el futuro. Esto es diferente el sentido de que se trata más de aprender sobre la verdadera naturaleza de una situación o una persona. Le ayuda a comprender mejor a las personas, las cosas, los lugares y los eventos y, con esta información, puede tomar mejores decisiones por sí mismo.

Hay muchos métodos en las culturas y tradiciones de todo el mundo. En Occidente, los ocultistas suelen recurrir a la astrología, que implica averiguar la influencia de los planetas en nosotros. El tarot es un sistema de 78 cartas, y cada carta posee un significado único. También usan la bibliomancia, tomando un libro como la Biblia, el Bhagavad-Gita, el I Ching o el Liber Legis, y lo abren para leer pasajes aleatorios, y la geomancia, que implica marcar aleatoriamente la tierra o un trozo de papel para crear un conjunto de 16 patrones.

Adivinación: Subjetiva y Personal

No se puede considerar una ciencia perfecta. El propio Crowley afirma en el capítulo 18 de Magick (Libro 4). "Al estimar el valor definitivo de un juicio adivinatorio, uno debe tener en cuenta más que las numerosas fuentes de error inherentes al proceso mismo. El juicio no puede hacer más que los hechos presentados para respaldarlo. Naturalmente, en la mayoría de los casos es imposible asegurarse de que no se haya omitido algún factor importante [...] Uno no debe asumir que el oráculo es omnisciente".

En otras palabras, todo se reduce a cómo interpreta un símbolo. Si se trabaja con sueños como proceso de adivinación, un fuego podría simbolizar un peligro para un mago, pero para otro, podría significar regeneración o un nuevo comienzo. La naturaleza subjetiva del mismo permanece constante, sin importar el medio utilizado, ya sea el Tarot, las Runas o la Oculomancia.

Ejercicios Prácticos de Adivinación

Adivinación mediante Oculomancia

La oculomancia también se conoce como contemplación de cristales o hidromancia. Si alguna vez ha visto una escena de una película en la que un gitano miraba una bola de cristal, la oculomancia es exactamente lo que estaba representando, excepto que la verdadera oculomancia no se trata de ver el futuro. Nadie puede ver el futuro. Usted solo puede especular al respecto en función de la información que tiene actualmente.

El origen de la palabra "scrying" (oculomancia en inglés) es el inglés antiguo descry, que significa "revelar" o "distinguir tenuemente". La oculomancia es el proceso de revelar lo que está oculto en nuestra vista interior o segunda vista. Este sitio representa nuestra capacidad para percibir lo que rara vez captamos usando solo nuestros cinco sentidos.

La primera mención de la oculomancia fue en el siglo 10, en el Shahnameh, una pieza de escritura persa antigua. Tras el surgimiento del cristianismo, toda la oculomancia fue prohibida por considerarse "diabólica". Esto es gracioso porque, en todas las culturas, siempre ha existido alguna forma de este arte, desde los egipcios que usaban aceite para comprender mejor, a los nativos americanos que usaban humo que les mostraba misterios.

Con la oculomancia puede conectarse con su mente inconsciente y con reinos más allá de lo físico. Puede hacerse una idea de quién es y por qué es. Si todavía está buscando su Verdadera Voluntad, entonces la oculomancia será de inmenso beneficio para usted, ayudándolo a identificar sus deseos y aspiraciones.

Cómo Hacer Oculomancia

1. Encuentre un lugar tranquilo donde pueda trabajar sin interrupciones. Prepare las cosas para que pueda entrar fácilmente en un trance. Si lo ayuda tener poca luz, entonces cierre las cortinas. Si le ayuda tener mucha luz, abra las cortinas. Querrá entrar en un estado meditativo antes de empezar.

2. Conozca su intención. De esta manera, es más probable que obtenga las respuestas que desea. Establezca su intención firmemente en su mente.

3. Mire fijamente en el medio elegido, ya sea fuego, una bola de cristal, un espejo o agua. Su estado de trance puede profundizarse. Esto está bien. Después de un rato, comenzará a ver imágenes. Se formarán sombras, figuras y siluetas. Puede ver imágenes vagas o puede ver destellos vívidos. Mientras ve estas cosas, es posible que se le vengan a la mente fechas, lugares y horas importantes que se relacionen con su intención. No se obligue a ver lo que está allí. Solo deje que suceda.

4. Cuando haya terminado, escriba todo lo que vio, y escriba los detalles de cómo fue su sesión.

Está bien si, al principio, tiene miedo de lo que podía ver. Para lidiar con este miedo, conéctese a tierra para sentirse unido con lo físico al permitir que la energía del suelo fluya hacia arriba a través de sus pies y el resto de su cuerpo, anclándolo. Lentamente convénzase de que solo por ver cosas no significa que se ha vuelto loco. Cante el nombre de una deidad que le haga sentir seguro.

Adivinación por Péndulo de Radiestesia

El péndulo no debe pasarse por alto, ya que es una forma poderosa de encontrar la verdad sobre las cosas. No solo es poderoso, sino que también es fácil crear uno en casa, con un hilo y una llave con un ojo para que pase el hilo.

Un péndulo de radiestesia suele ser un cristal o una roca que cuelga del extremo de una cadena o cuerda. Brinda información en todos los niveles, ya sea sobre un asunto espiritual o si debe encontrar algo que ha sido enterrado entre los pisos. Funciona conectándolo con los registros akáshicos, que están llenos de respuestas a todas las interrogantes urgentes de la vida. Cuando hace una pregunta, su mente inconsciente responderá afectando las terminaciones nerviosas de sus dedos, y esto lo hace balancearse como respuesta, por lo que su cuerpo le dice lo que sabe por dentro.

Cómo Usar el Péndulo

1. Seleccione el péndulo correcto. Sí, puede hacer uno con una llave y una cuerda, pero si necesita algo que le ayude a entrar en el estado de ánimo mágico, entonces debería pensar más en lo que debería servir como un péndulo adecuado. ¿De qué material quiere que esté hecho? Si usa un cristal ¿de qué tipo debe ser? Piense en el cristal de poder con el que más resuena. Puede ir a una tienda de magia, tomar todos los que están disponibles, y ver cuál es el que más lo llama.

2. Limpie su péndulo. Desea que esté libre de toda la energía estancada o residual en él.. Puede limpiarlo en agua salada, enterrarlo en la tierra por un día o usar una varilla para difuminar. Cuando intuitivamente sienta que está limpio, entonces puede trabajar con él.

3. Desarrolle una relación con su péndulo. Esto es algo sencillo de hacer, pero llevará algo de tiempo y mucho compromiso, como una relación real. Quiere aprender el lenguaje de su péndulo, y quiere que él aprenda el lenguaje de su mente inconsciente. Para que esto suceda, debe hacerle preguntas. Primero, respire profundamente para que pueda estar centrado y conectado a tierra. A continuación, solicite apoyo y orientación rezando a su deidad, a su yo superior o cantando. Pida recibir las respuestas más objetivas y claras. Por último,

hágale algunas preguntas para averiguar qué significa "sí", "no" y "tal vez".

Podría decir que sí balanceándose hacia adelante y hacia atrás, y podría decir que no balanceándose de lado a lado, o balanceándose en sentido horario o antihorario. Para entender lo que significa cada dirección puede decirle "muéstrame sí", y entonces espere para ver. Luego dígale "muéstrame no", y deje que le muestre. Luego pida "muéstrame tal vez", y observe. Entonces agradézcale.

Otra forma es hacerle preguntas con respuestas objetivas, como "¿soy hombre o mujer?" o "¿el ejército del cielo es verde o azul?" o "¿soy un padre o no?". Luego, preste atención al balanceo que obtiene con cada pregunta. Asegúrese de hacer siempre este ejercicio o el anterior, porque puede cambiar la forma en que dice sí, no o tal vez.

4. Hágale preguntas a su péndulo cuando esté listo para ser usado. Asegúrese de estar cómodo en su asiento. Asegúrese de que su brazo esté estable y apoyado en el codo. Sujételo bien y holgado entre el dedo índice y el pulgar. Mantenga el agarre suficiente para evitar que se le resbale. Sugiera la pregunta para la cual desea una respuesta. Puede preguntarle cualquier cosa... siempre que esté dentro de lo razonable. Podría descubrir si debe ir a un evento, ver lo que siente acerca de algo o decidir un cambio de carrera. Puede ayudarlo con los problemas cotidianos, relaciones, problemas económicos y preocupaciones espirituales.

Por favor sea prudente al utilizar su péndulo. No intente hacer adivinación cuando su mente se sienta desequilibrada o cuando se sienta terrible emocional o físicamente, ya que obtendrá respuestas incorrectas. Asegúrese de estar en el estado mental adecuado preguntándole si es un buen momento para proceder.

No debe reemplazar a su médico. Si necesita atención médica, por favor busque un profesional. Solo practique la adivinación con usted mismo, no en otra persona, a menos que le hayan dado permiso para trabajar con ellos o en su nombre.

Comience sus sesiones con la mente abierta. Deshágase de todos sus prejuicios. Si tiene una mente que está enfocada en un tema, esto obviamente afectará su proceso.

Sepa que solo puede hacer cosas por usted hasta cierto punto. Podría intentarlo con oculomancia, runas o tarot. Puede complementar con la oculomancia para comprobar que la obtención que obtiene es cierta.

No dependa demasiado de él. Puede ser genial para la adivinación, pero lo último que quiere es tomar todas las decisiones en la vida en función de la dirección en la que el péndulo se mueva. Tenga cuidado de no convertirlo en un apoyo. En la magia, es importante ser responsable de todas sus acciones y elecciones, y ser consciente de su toma de decisiones. No arruine su vida ni la de otra persona simplemente porque "mi péndulo dijo que estaba bien". No intente traspasarle sus responsabilidades. Recuerde, es una herramienta. Usted tiene el poder supremo, y solo usted debe asumir la responsabilidad o la culpa de sus acciones como un verdadero thelemita.

Antes de cada sesión debe comenzar preguntando:

- ¿Puedo hacer esta pregunta? Si es así, ¿estoy listo para la respuesta?

- ¿Puedo hacer esta pregunta? Si es así, ¿se me permite? Esto es útil cuando se realiza radiestesia o adivinación para otra persona. Además, el hecho de que le insistan en que debe preguntar no significa que deba ignorarlo si le dice que no.

- ¿Debo hacer esta pregunta? Si es así, ¿está bien? Esta es la única vez en que debe usar la palabra "debería" al hacer preguntas sobre su péndulo. Usar "debería" podría hacer que sus prejuicios afecten las respuestas que obtenga.

Capítulo Doce: Más Prácticas Mágicas

Mientras concluimos este libro, consideremos aún más prácticas mágicas que debería hacer parte de su vida mágica diaria.

Consagración

La consagración implica dedicar un espacio o una herramienta ritual a un propósito particular. Según Crowley, en Magick (Libro 4, capítulo 13), "El ritual aquí en cuestión debe resumir la situación y dedicar el arreglo particular a su propósito invocando las fuerzas apropiadas. Recordemos bien que los Juramentos de su consagración original unieron a cada objeto. Por lo tanto, si un pentáculo ha sido consagrado a Venus, no puede usarse en una operación con Marte".

La misma palabra consagración connota "asociación con lo sagrado". Puede consagrar lugares, cosas e incluso personas. La idea detrás de la práctica de la consagración es la devoción de lo que está siendo consagrado a una causa, deidad, función mágica o intención.

Evocación

La evocación no debe confundirse con una invocación. Cuando invoca, llama a una deidad o un espíritu. Cuando evoca, suscita a la entidad. Crowley dice, "en la Invocación, el macrocosmos inunda la conciencia. En la evocación, el mago, habiéndose convertido en el macrocosmo, crea un microcosmos. Invoca a Dios en el Círculo. Evoca a un espíritu en el triángulo".

Hay dos propósitos distintos para la evocación. El primero es ayudarlo a recopilar información, mientras que el segundo es para obtener la obediencia o los servicios de un demonio o espíritu. Busque la evocación más efectiva. Encontrará en el grimorio de Goetia, un grimorio anónimo sobre demonios, también conocido como la Llave Menor de Salomón, o el Lemegeton, o Salomonis Regis, compilado a mediados del siglo 17. Este grimorio tiene instrucciones muy claras sobre cómo puede convocar de forma segura a los 72 espíritus infernales y hacer que cumplan sus órdenes. También puede evocar ángeles, dioses y otros seres con conexiones con el zodíaco, los planetas y los elementos.

Fórmulas Mágicas

Las fórmulas mágicas comprenden una serie de letras, palabras o nombres, que tienen significados que representan los principios mágicos y la profundidad de la comprensión, que son difíciles de comunicar de cualquier otra manera. Estas fórmulas ofrecen una forma concisa de compartir significados e información abstractos usando solo una frase o una palabra. Estos significados a menudo se relacionan con un proceso de cambio espiritual o místico. Algunas de estas fórmulas son IAO, INRI, ShT, LVX, NOX, AUMGN, entre otras.

Tomadas al pie de la letra, estas palabras no significan nada en sí mismas. Sin embargo, después de la deconstrucción, encontrará que cada letra lleva una idea universal dentro de sí misma, que está en el sistema en el que se basa la fórmula. Además, cuando agrupa letras en particular, puede compartir secuencias llenas de significado, y son muy valiosas dentro del marco del sistema espiritual al que pertenecen.

Registro Mágico

El registro mágico del mago es un diario en el que puede documentar todas las experiencias mágicas, eventos, ideas y otras informaciones relevantes para su oficio. Tener este registro puede servir para mantener la fe y puede proporcionar evidencia sobre cuán efectivo es un procedimiento mágico. Puede ayudarlo a asegurarse de que todo lo que ha aprendido se pueda transmitir a otros mucho después de que se haya ido. Cuando anota esta información, es más fácil para usted obtener información, analizar su progreso y compartir y aprender con otros profesionales como usted.

Según Crowley, debe llevar registros mágicos; como lo señala en Liber E, debe registrar todos sus experimentos con mucho detalle, justo después o incluso durante su acto mágico. Quiere que sus registros sean científicos y precisos. Anote sus condiciones mentales y físicas durante el experimento, la hora y el lugar, y el clima. Esta información definitivamente resultará útil.

Armas Mágicas

Las armas mágicas se utilizan para crear el cambio que busca, que se ajusta a su Verdadera Voluntad. Si es su voluntad que todos sepan lo que ha aprendido durante su última práctica mágica, entonces toma las armas de pluma y tinta y escribe. Crowley reconoce que compartir su conocimiento escribiendo es un acto mágico, al igual que compartir el libro en el que ha escrito sus palabras.

Las armas mágicas a menudo son muy específicas y están consagradas, por lo que solo deben usarse en magia ritual o ceremonial. No existe una regla per se sobre qué constituye un arma mágica y qué no, pero si usted, el mago, considera que un objeto es un arma mágica, entonces, para todos los efectos, lo es. Sin embargo, ciertas armas mágicas tienen un significado más profundo y simbolizan otras cosas. Por ejemplo, está el athame o la daga, el aceite sagrado, la varita, la espada, la lámpara de aceite, el graal, el incensario, la campana, entre otras.

Magia Mineral

Es posible leer la historia de vida de otra persona simplemente sosteniendo un brazalete suyo. Esto es posible porque todos los minerales, desde cristales y metales hasta piedras y conchas, tienen dentro de ellos las vibraciones de cualquier cosa y persona con la que hayan estado en contacto y, a menudo, se aferrarán a todas esas vibraciones durante un largo tiempo.

La persona promedio puede mirar los minerales y pensar que están sin vida y estáticos, pero el mago sabe que puede sentir la energía de estos metales y piedras. Los cristales tienen su propia fuerza vital, al igual que las piedras preciosas y cualquier otro mineral en el que pueda pensar. Cuando imprime su intención en un objeto mineral, esa intención se conservará durante años y años. También puede combinar minerales con otras cosas para que pueda fortalecer sus hechizos o alargar su duración.

Cada piedra preciosa tiene propiedades únicas y se puede usar de muchas formas en la magia. Puede usarlas como runas, péndulos u otras herramientas; puede usarlas para curar los chakras, como talismán o amuleto, para rituales y hechizos, para aumentar la potencia de la meditación, para amplificar el poder de las armas y herramientas mágicas consagradas, como un regalo a los dioses, etc.

Primero, para usar minerales como piedras preciosas, quite todas las vibraciones antiguas, limpiándolos en agua salada y visualizando la luz blanca que limpia las piedras por dentro y por fuera. Puede combinar estas piedras juntas. Puede crear un talismán para la riqueza usando piedras de ojo de tigre, y agregando un poco de hematita, se asegura de que quien use el talismán pueda conservar su dinero.

Las Piedras y sus Usos Mágicos

● Ámbar: protección, tanto física como psíquica.

● Amatista: mejora la meditación, el recuerdo de los sueños, suaviza las emociones, mejora la capacidad psíquica.

● Lágrimas de Apache: da buena suerte.

● Aguamarina: aumenta la conciencia y la claridad mental, permite la percepción espiritual, estimula la creatividad.

● Aventurina: atrae abundancia y riqueza.

● Azurita: promueve la paz y la armonía, excelente para la magia de los sueños.

● Heliotropo: da valor, fuerza, curación y protección física.

● Cornalina: aumenta la energía sexual, da iniciativa y coraje y aumenta la pasión.

● Citrino: elimina y limpia la mala energía de otras piedras preciosas, destierra todas las pesadillas, aumenta sus habilidades psíquicas.

● Coral: aumenta los sentimientos de afecto, atrae el amor hacia usted, aumenta su autoestima, calma las emociones conflictivas.

● Diamante: genera confianza y compromiso, especialmente en las relaciones. También absorbe y retiene vibraciones y energías, y aumenta las posibilidades de victoria mientras da fuerza.

- Esmeralda: promueve la adivinación y la clarividencia al mismo tiempo que impulsa el crecimiento, la curación y proporciona equilibrio emocional y mental.

- Fluorita: aumenta la fuerza de su mente consciente y aumenta sus habilidades mentales.

- Granate: brinda protección, atrae la bondad, calma los miedos y alivia la depresión.

- Hematita: perfecta para conectarse a tierra y centrarse, y ayuda a mantener estables las emociones.

- Jade: aumenta la prosperidad, fomenta la longevidad, aumenta la salud y belleza.

- Jaspe: el jaspe rojo es increíble cuando se trabaja en hechizos de amor, ya que intensifica las pasiones. El jaspe marrón es la piedra que se utiliza para curar. El jaspe de amapola es el mejor para romper todos los bloques en los circuitos de energía del cuerpo.

- Lapislázuli: ideal para niños; abre su tercer ojo y mejora sus habilidades psíquicas. Funciona en sus chakras superiores. Los antiguos egipcios sabían que esta era la piedra para cargar los meridianos de energía.

- Moldavita: mejora sus habilidades físicas, abre sus chakras superiores y acelera la evolución de su espíritu. Esta piedra es extraterrestre, ya que resultó de la colisión de un meteoro con la Tierra hace 15 millones de años.

- Feldespato: sueños más vívidos, mayor recuerdo de sueños y emociones más tranquilas.

- Obsidiana: perfecta para la oculomancia, valorada por Hécate, la patrona de las brujas.

- Ónix: la mejor para centrarse y conectarse a tierra, absorber y desterrar la mala energía y destruir hábitos poderosos.

• Ópalo: mejora la capacidad psíquica, aumenta sus visiones y atrae el amor hacia usted.

• Perla: aporta equilibrio a su vida amorosa, potencia su feminidad, aumenta su felicidad y autoestima.

• Cuarzo Transparente: el mejor para retener información, la amplificación de otras energías de otras piedras, la transmisión de energía e ideas, y una mejor conciencia psíquica.

• Cuarzo Ahumado: retiene sus problemas hasta que esté listo para resolverlos, mejora su resistencia.

• Cuarzo rosa: lo cura emocionalmente, restaura el equilibrio emocional, atrae amistad y amor hacia usted, y amplifica su energía psíquica.

• Rubí: ideal para estimular el amor, la pasión y las emociones, le ayuda a abrir su corazón al amor de lo divino y aumenta su vitalidad.

• Zafiro: ideal para mejorar su conocimiento de todas las cosas espirituales, esta piedra lo conecta con lo Divino y le brinda perspicacia, sabiduría y visión profética. El zafiro estrella también le da claridad con su Verdadera Voluntad, y le da esperanza.

• Ojo de Tigre: aumenta la confianza en sí mismo, lo que le da la libertad de buscar su propio camino y seguirlo. También es una gran piedra para la abundancia.

• Turmalina: la turmalina negra y la turmalina verde son excelentes para curar, limpiar y absorber todas las energías y vibraciones negativas. La turmalina sandía y rosa le atraerán amor, amistad y satisfacción. También puede utilizarlas para transmitir ideas, energía y mensajes.

• Turquesa: esta piedra promueve la prosperidad, la curación y la protección. Úsela para calmar toda la ansiedad y la tensión, física y emocionalmente.

Aquí hay un hecho a tener en cuenta: el ámbar en realidad no es una piedra; es resina endurecida. La tradición dice que el ámbar originalmente vino de las lágrimas del sol cuando se puso. Incluso ahora, todavía se considera una piedra de fuego o una piedra solar. Es una piedra que la mayoría de las brujas usan para curar, ya que captura todas las dolencias y enfermedades de la misma manera que se usa para capturar insectos.

Estas piedras preciosas suelen estar disponibles en muchos grados y calidades. No necesita tener una piedra grande para realizar su magia. Simplemente puede permitir que su intuición le haga saber cuál es la piedra correcta que amplificará la intención que estableció para el ritual que está a punto de realizar.

Considere tener joyas mágicas hechas con estas piedras preciosas. Pueden resultar útiles para recordarle sus intenciones, curarlo y servir como talismán. Las piedras preciosas siempre han estado conectadas con diosas y dioses, e incluso pueden servir como ofrendas durante sus rituales. Recuerde que las piedras preciosas que use absorberán su energía, adquiriendo algunos de sus atributos. Por ejemplo, si está usando una piedra mientras está alegre, brillará. Si la usa cuando se siente mal, se nublará. Si alguna vez le regalan una reliquia familiar, debe lavarla antes de usarla para deshacerse de toda la mala energía no deseada.

Conclusiones

Finalmente ha llegado al término de este libro, pero no debe permitir que su búsqueda de conocimiento se detenga aquí. Depende de usted, como mago, reunir tanto conocimiento como pueda para que pueda aplicarlo a su oficio y mejorar cada día.

En su práctica de la magia, debe recordar esto: haga su voluntad. Recuerde que esta es la verdadera intención detrás de todo lo mágico que hace. Mientras practica la magia, recuerde que lo que está haciendo es simplemente expresar su Verdadera Voluntad en armonía con el universo. Esto es lo único que importa, momento a momento.

Tenga en cuenta que debe practicar su oficio desde un lugar de amor y compasión hacia todos. Si elige usar sus poderes para el mal, si deliberadamente se involucra en la magia únicamente para derribar a otros, entonces debe estar preparado para el hecho de que, a su debido tiempo, recibirá el mismo trato que ha dado, *y a menudo multiplicado por cien.*

Por lo tanto, el mago sabio sabe en su práctica recordar siempre la Regla de Oro: haz a los demás lo que te gustaría que te hicieran a ti. No puede permitirse el lujo de ser irresponsable con el conocimiento que tiene ahora.

Puede aprender tantas cosas en tantos libros sobre magia, pero una cosa prevalece sobre todos los libros, incluso este. Es el conocimiento que aprende de la práctica constante, particularmente de sus meditaciones. Asegúrese de que, pase lo que pase, haga de la meditación parte de su vida todos los días. Hay percepciones que nunca obtendrá de la página de un libro; solo las experimentará mientras medita, y practica yoga y viajes astrales.

En su estado de sueño y en sus viajes astrales, aprenderá mucho acerca de la verdadera naturaleza del universo, y recibirá nuevos conocimientos y ejercicios para practicar para llevar su viaje espiritual al siguiente nivel. Por lo tanto, no puede permitirse el lujo de descuidar su práctica. Cuanto más practique, más conocimiento tendrá y más poder obtendrá.

Puede notar que sus ejercicios en este libro se han mantenido de la manera más flexible posible. Esto es por diseño. Para trabajar con piedras mágicas, hágalo basándose en su intuición. Su alma lo guiará acerca de los mejores métodos para que pueda realizar todos los rituales, desde la purificación y el destierro hasta las bendiciones y la adivinación. Lo que ocurre con esta vida mágica es que cada camino es único. Por lo tanto, debe encontrar el camino que más le resuene para que su práctica se convierta en algo que espera con ansias todos los días.

Finalmente, cuando lo sobrenatural comience a suceder a su alrededor (y sucederá si se mantiene practicando), por favor no caiga en la trampa de pensar que ha "llegado" a la última parada del autobús espiritual. Hay mucho más por explorar. Siempre hay más allá de donde está. Incluso si aprende a ver a distancia o a estar en dos lugares a la vez, incluso si hace profecías que se cumplen pase lo que pase, no permita que ninguna de esas cosas maravillosas le impidan practicar.

El viaje mágico es interminable. Siga sumergiéndose. Y cuando llegue al fondo del océano, sumérjase aún más.

Vea más libros escritos por Mari Silva

Referencias

Bacon, Roger (1659, London). His Discovery of the Miracles of Art, Nature, and Magic. Fielmente traducido de la propia copia del Dr. Dees, por T. M. y nunca antes en inglés.

Crowley, Aleister (1979), The Confessions of Aleister Crowley, Routledge & Kegan Paul

Crowley, Aleister (1985), Eight Lectures on Yoga, Falcon Press

Crowley, Aleister (1974), The Equinox of the Gods, Gordon Press

Crowley, Aleister (1997), Magic (Book 4), Weiser

Crowley, Aleister (1973), Magic Without Tears, Falcon Press

www.ingramcontent.com/pod-product-compliance
Lightning Source LLC
Chambersburg PA
CBHW071903090426
42811CB00004B/720

www.ingramcontent.com/pod-product-compliance
Lightning Source LLC
Chambersburg PA
CBHW071902090426
42811CB00004B/707